Saager | Frings | Lücke | von Oppen

# *Das Pfändungsschutzkonto*

## *Leitfaden der Deutschen Kreditwirtschaft*

3. Auflage 2021

Herausgeber: Bundesverband der Deutschen Volksbanken und Raiffeisenbanken e. V. · BVR

Autoren: Christoph Selzer (BVR), Dr. Stefan Saager (BVR), Dr. Hartmut Frings (DSGV), Frank Lücke (VÖB), Dr. Andreas von Oppen (BdB)

Satz und Gestaltung: DG Nexolution eG, Wiesbaden

Druck und Verarbeitung: WirmachenDruck.de, Backnang

Titelbild: tomertu, Adobe Stock

Bestell-Nr. 961880

ISBN 978-3-87151-284-1

# Inhaltsverzeichnis

# Vorwort

Die erste Auflage dieses Buches ist 2011, kurz nach Einführung des damals neuen Pfändungsschutzkontos, erschienen. Sie sollte vor allem dazu dienen, den Kreditinstituten einen Leitfaden für die Umsetzung des neu geschaffenen Rechts zum Pfändungsschutzkonto an die Hand zu geben. Zwei Jahre später – beim Erscheinen der zweiten Auflage – hatten die Kreditinstitute die Vorschriften zum Pfändungsschutzkonto bereits umgesetzt. Daher musste dieses Buch seine Konzeption ändern. Durch die Aufnahme aktueller Rechtsprechung und die Behandlung von neu hinzugekommenen Regelungen hat es sich von einem „Umsetzungsleitfaden" hin zu einem „Nachschlagewerk" weiterentwickelt.

Durch das Pfändungsschutzkonto-Fortentwicklungsgesetz ist das Recht zum Pfändungsschutzkonto zum 1. Dezember 2021 umfassend reformiert worden. Neben neu hinzugekommenen Vorschriften, wie denen über die Pfändung von Gemeinschaftskonten in § 850 l ZPO oder das Aufrechnungs- und Verrechnungsverbot in § 901 ZPO, wurde ein neuer Abschnitt 4 („Wirkungen des Pfändungsschutzkontos") in Buch 8 der ZPO geschaffen, in dem Wirkungen des Pfändungsschutzkontos künftig im Zusammenhang dargestellt sind (§§ 899–910 ZPO). Auch haben sich viele Regelungen verschoben. Wer mit der alten Regelungssystematik vertraut war, wird sich beim Nachschlagen an vielen Stellen umorientieren müssen. Insgesamt führt die Neustrukturierung der gesetzlichen Regelungen aber zu einer klareren und übersichtlicheren Struktur der Vorschriften.

Aufgrund des Umstands, dass das Pfändungsschutzkonto-Fortentwicklungsgesetz zwar auch neue Regelungen einführt, aber vom Grundsatz her auf der bereits bestehenden Systematik aufbaut, versucht diese dritte Auflage, die beiden Ansätze der vorherigen Auflagen zu vereinen. Die Struktur eines Nachschlagewerkes soll erhalten bleiben. Gleichzeitig möchte diese Auflage aber auch einen Vorschlag für die Umsetzung der neuen Regelungen des Pfändungsschutzkonto-Fortentwicklungsgesetzes unterbreiten.

Dieses Buch richtet sich in erster Linie an Bankpraktiker. Zugleich soll es einen Beitrag zur fachlichen Diskussion aus Sicht der Deutschen Kreditwirtschaft leisten. Während für die praktische Anwendung in der Regel eine etwas knappere Darstellung vorteilhaft ist, ist für den fachlichen Diskussionsbeitrag eine umfangreichere Auseinandersetzung erforderlich. Dieses Buch versucht, zwischen diesen Gegensätzen einen angemessenen Ausgleich zu finden und beiden Ansprüchen gerecht zu werden.

Um die Lesbarkeit zu erhöhen, hat sich diese dritte Auflage an der Vorauflage orientiert und Umstellungen in der Struktur nur dort vorgenommen, wo dies unbedingt erforderlich war.

Wir hoffen, mit diesem Buch einen inhaltlich ausgewogenen Beitrag zur Umsetzung der neuen Vorschriften des Pfändungsschutzkontorechts leisten zu können. Damit dieses Buch mit einem ausreichenden zeitlichen Vorlauf vor dem Inkrafttreten des Pfändungsschutzkonto-Fortentwicklungsgesetzes am 1. Dezember 2021 vorliegen konnte, musste es in der ersten Jahreshälfte des Jahres 2021 fertiggestellt werden. Es kann sich daher nur an dem damaligen Diskussionstand orientieren.

Die Gesetzesangaben ohne weiteren Zusatz beziehen sich auf die ab dem 1. Dezember 2021 geltende Rechtslage. Mit „a. F." (alte Fassung) haben wir die bis dahin geltende Rechtslage gekennzeichnet.

Über Anregungen und Kritik, egal ob von Bankpraktikern, Schuldnerberatern, Richtern, Rechtspflegern oder aus der Wissenschaft, sind wir dankbar. Sie kann gerne per Mail an lektorat@dgverlag.de gesendet werden.

Die Autoren

# 1 Umwandlung von Zahlungskonten in Pfändungsschutzkonten (P-Konten) und deren Beendigung

## 1.1 Neueröffnung von Konten (insbesondere Basiskonten) und Führung als P-Konten

Eine natürliche Person hat einen Anspruch auf Umwandlung eines bereits bestehenden Zahlungskontos in ein Pfändungsschutzkonto (§ 850k Abs. 1 Satz 1 ZPO). Über die Regelungen zum Pfändungsschutzkonto kann hingegen nicht verlangt werden, dass ein Konto als Pfändungsschutzkonto eröffnet wird.

Jedoch können Verbraucher seit dem Jahr 2016 nach § 31 Zahlungskontengesetz (ZKG) die Eröffnung eines Basiskontos verlangen, wobei der Berechtigte bereits bei Stellung des Antrags auf Abschluss eines Basiskontovertrags verlangen kann, dass der Verpflichtete, also das Kreditinstitut, das Basiskonto als Pfändungsschutzkonto führt. Außerdem bestehen in einigen Bundesländern landesrechtliche Regelungen, die einen Kontrahierungszwang für Sparkassen vorsehen.

Das an die Bank herangetragene Begehren des Kunden, sein Konto in ein Pfändungsschutzkonto umzuwandeln, stellt für sich genommen keinen Kündigungsgrund der Kontoverbindung dar. Vielmehr bestimmt § 850k Abs. 2 Satz 2 ZPO, dass das Vertragsverhältnis ansonsten unberührt bleibt. Der Kunde hat einen gesetzlichen Anspruch auf Umstellung des Kontos in ein Pfändungsschutzkonto, ohne hierdurch Nachteile befürchten zu müssen.

## 1.2 Umwandlungsanspruch für bestehende Konten

Nach §850k Abs. 1 Satz 1 ZPO kann ein Kunde jederzeit verlangen, dass ein bereits bestehendes Zahlungskonto bei diesem Kreditinstitut als Pfändungsschutzkonto geführt wird. Anders als noch unter der bis zum November 2021 geltenden Rechtslage ergibt sich nunmehr auch bei einem Gemeinschaftskonto ein Anspruch, ein Pfändungsschutzkonto zu verlangen (siehe dazu unten Abschnitt 1.6 „Gemeinschaftskonten"). Nur ein Zahlungskonto kann als Pfändungsschutzkonto geführt werden, nicht aber ein Sparkonto oder ein Tagesgeldkonto.

### 1.2.1 Kein Anspruch auf Gewährung von Zusatzleistungen

Kein Anspruch besteht jedoch darauf, dass bereits vor Umwandlung in ein Pfändungsschutzkonto gewährte Leistungen (z.B. Kreditkarte, Überziehungskredit) auch weiterhin gewährt werden. Das folgt bereits aus dem Umstand, dass das Pfändungsschutzkonto im Guthaben geführt werden muss. Soweit also bestimmte Leistungen nicht weiterhin gewährt werden, könnte überlegt werden, solche Zusatzleistungen mit separatem Schreiben zu kündigen oder eine separate Aufhebungsvereinbarung mit dem Kunden zu schließen. Damit kann der Anschein vermieden werden, die Durchsetzung eines gesetzlichen Anspruchs (Umwandlung in ein Pfändungsschutzkonto) werde von einer Kündigung oder dem Abschluss einer Aufhebungsvereinbarung abhängig gemacht. Ein etwaiger Anspruch des Kunden auf Gewährung von Zusatzleistungen ist jedoch zu unterscheiden von der Zulässigkeit von Klauseln in Allgemeinen Geschäftsbedingungen, wonach mit Umwandlung eines Zahlungskontos in ein Pfändungsschutzkonto diese Zusatzleistungen entfallen. Eine solche Klausel ist unwirksam.[1] Zwar bleibt es dem Kreditinstitut unbenommen, nach Umwandlung des Kontos in ein Pfändungsschutzkonto Zusatzleistungen zu kündigen. Auf deren Kündigung kann es aber nicht verzichten, indem es in seinen Allgemeinen Geschäftsbedingungen bestimmt, dass diese Zusatzleistungen nach Umwandlung des Zahlungskontos in ein Pfändungsschutzkonto automatisch entfallen. Der Verzicht auf den Ausspruch einer wirksamen Kündigung und die Kündigungsfrist stellen nach der Rechtsprechung des

1 BGH, Urt.v. 16.07.2013 – XI ZR 260/12.

Bundesgerichtshofs nämlich eine unangemessene Benachteiligung des Kunden dar.[1]

## 1.2.2 Umstellungsfrist für das Kreditinstitut

Das Kreditinstitut hat für die Umstellung eines gepfändeten Zahlungskontos drei Geschäftstage Zeit; das Konto muss zum Beginn des vierten auf die Erklärung des Kunden folgenden Geschäftstags umgestellt sein (§ 850k Abs. 2 Satz 1 ZPO). Diese Frist muss jedoch nicht ausgeschöpft werden. Insbesondere im Falle der Umwandlung zu einem Zeitpunkt, zu dem das Guthaben bereits gepfändet worden ist, ist eine möglichst kurzfristige Umstellung anzustreben. Die Frist beginnt in dem Moment zu laufen, in dem die Erklärung des Kunden der Bank zugegangen ist. Andererseits verlangt § 903 Abs. 4 ZPO, dass das Kreditinstitut die Angaben in einer Bescheinigung zur Erhöhung des Freibetrags bereits ab dem zweiten auf die Vorlage der Bescheinigung folgenden Geschäftstag zu beachten hat. Insoweit dürfte diese Frist die Frist aus § 850k Abs. 2 Satz 1 ZPO entsprechend verkürzen, wenn der Kunde mit dem Umwandlungsantrag zugleich eine solche Bescheinigung vorlegt.

## 1.2.3 Eröffnung eines Kontos als Pfändungsschutzkonto

Wenn das Institut dem Kunden ein neues Zahlungskonto einrichtet, kann das Konto im gleichen Geschäftsgang in ein Pfändungsschutzkonto umgewandelt werden, wenn ein Umwandlungsverlangen des Kunden vorliegt. Der Kunde kann allerdings in der Regel nicht verlangen, dass ein neues Zahlungskonto sofort als Pfändungsschutzkonto eröffnet wird (s. o. Abschnitt 1.2).

## 1.2.4 Umwandlungsanspruch auch bei debitorischem Konto

Der Anspruch auf Umwandlung in ein Pfändungsschutzkonto besteht unabhängig davon, ob es sich um ein kreditorisches oder ein debitorisches Konto handelt. Nach der bisherigen Rechtslage konnte der Kontoinha-

1 BGH, Urt. v. 16.07.2013 – XI ZR 260/12.

ber so lange keinen Schutz von eingehendem Guthaben erhalten, bis er sein Konto kreditorisch führte. Nach der seit Dezember 2021 geltenden Rechtslage wird ein Aufrechnungs- und Verrechnungsschutz für debitorische Konten gewährt. Zu weiteren Einzelheiten bei debitorischen Konten siehe Kapitel 3.

## 1.3 Antragstellung durch Kontoinhaber, den gesetzlichen Vertreter oder den Bevollmächtigten

Nach § 850k Abs. 7 Satz 1 ZPO a. F. konnten nur der Kontoinhaber, der eine natürliche Person ist, oder sein gesetzlicher Vertreter ein Pfändungsschutzkonto einrichten. Die Einrichtung durch einen Bevollmächtigten war damit ausgeschlossen. Dies gilt seit der Änderung der Regelungen durch das Pfändungsschutzkonto-Fortentwicklungsgesetz nicht mehr. Der Kontoinhaber kann seit 1. Dezember 2021 durch einen Bevollmächtigten vertreten werden (§ 850k Abs. 1 Satz 1 ZPO).[1] Es gelten also die normalen Vertretungsregelungen.

## 1.4 Die Einrichtung eines Pfändungsschutzkontos

Grundlage für die Umwandlung eines Zahlungskontos in ein Pfändungsschutzkonto ist eine Erklärung des Kontoinhabers, die dem Kreditinstitut zugehen muss (§ 850k Abs. 1 Satz 1 ZPO). Verlangt der Kunde die Umwandlung seines Kontos in ein Pfändungsschutzkonto, muss er zugleich erklären, dass er kein weiteres Pfändungsschutzkonto unterhält (§ 850k Abs. 3 Satz 2 ZPO).

### 1.4.1 Erklärung des Kunden ausreichend

Die Umwandlung in ein Pfändungsschutzkonto hat unabhängig davon zu erfolgen, ob sich der Kunde und das Kreditinstitut hierüber einigen. Der Kunde hat einen gesetzlichen Anspruch darauf, dass die Bank seinem Verlangen nachkommt. Zur Wirksamkeit des Begehrens des Kunden muss

1 BT-Drucks. 19/19850, S. 30.

die Bank ihm gegenüber nichts mehr erklären. Ausreichend und erforderlich ist allein der gegenüber der Bank erklärte Wille. Mit Eingang der Erklärung bei der Bank beginnt die Frist zur Umstellung zu laufen. Ein entsprechender Umwandlungswille kann bereits mit der Erklärung zur Kontoeröffnung mitgeteilt werden. Erforderlich ist jedoch, dass die Bank der Kontoeröffnung überhaupt zustimmt, wozu sie außerhalb von Basiskonten nicht verpflichtet ist.

### 1.4.2 Erklärung des Kunden, dass er kein weiteres Pfändungsschutzkonto führt

Bei dem Verlangen des Kontoinhabers, dass ein Zahlungskonto zukünftig als Pfändungsschutzkonto geführt wird, hat er dem Kreditinstitut zu versichern, dass er kein weiteres Pfändungsschutzkonto führt (§ 850k Abs. 3 ZPO). Das Kreditinstitut muss diese Angabe grundsätzlich nicht weiter überprüfen. Zu beachten sind aber die Ausführungen zur Missbrauchsprävention und zur Meldung an und Abfrage bei einer Auskunftei (siehe dazu unten Abschnitt 1.10 „Missbrauchsprävention – Unterhalten mehrerer Pfändungsschutzkonten").

## 1.5 Umwandlung in ein Pfändungsschutzkonto bei bestehender Kontopfändung (§ 850k Abs. 2 Satz 2 ZPO)

Ein Konto kann auch bei bestehender Kontopfändung in ein Pfändungsschutzkonto umgewandelt werden. Zur Rückwirkung der Umwandlung siehe unten (Kapitel 8 „Kontoführung nach Zustellung eines Pfändungs- und Überweisungsbeschlusses", Abschnitt 8.2 „Wirkung der Umwandlung in ein Pfändungsschutzkonto nach Kontopfändung").

## 1.6 Gemeinschaftskonten

Da die Freibeträge, die bei einem Pfändungsschutzkonto hinterlegt sind und die nicht von der Pfändung erfasst sind, von den persönlichen Lebensumständen des Schuldners abhängen, kann nur auf einem Einzelkonto Pfändungsschutz gewährt werden.[1] Bei diesem Grundsatz bleibt es auch nach der Reform durch das Pfändungsschutzkonto-Fortentwicklungsgesetz im Jahr 2021.

Seit dem 1. Dezember 2021 ist jedoch neu, dass auch die Inhaber eines Gemeinschaftskontos nicht völlig schutzlos sind. Nach alter Rechtslage konnten sowohl der Pfändungsschuldner als auch der Nichtpfändungsschuldner der Pfändung des Guthabens auf dem Gemeinschaftskonto nach dem Kontopfändungsrecht nichts entgegenhalten. Das Guthaben auf dem Gemeinschaftskonto war für beide unwiderruflich verloren. Dies wurde insbesondere gegenüber dem Nichtpfändungsschuldner als ungerecht angesehen – er schuldete dem Gläubiger nichts und leistete oftmals mindestens den gleichen Beitrag zum Gemeinschaftskontoguthaben. Sein Teil des Guthabens auf dem Gemeinschaftskonto war für den Gläubiger nur deshalb erreichbar, weil der Nichtpfändungsschuldner durch die Einzahlung auf dem Gemeinschaftskonto auch einen Auszahlungsanspruch für den Pfändungsschuldner schafft, der dann vom Gläubiger gepfändet werden kann.

Der Gesetzgeber hat daher mit dem Pfändungsschutzkonto-Fortentwicklungsgesetz die Möglichkeit geschaffen, dass sowohl der Pfändungsschuldner als auch der Nichtpfändungsschuldner Guthaben von dem Gemeinschaftskonto auf Einzelkonten übertragen können. Die näheren Einzelheiten zum Gemeinschaftskonto finden sich in Kapitel 2.

## 1.7 Fremdwährungskonto als Pfändungsschutzkonto

Wegen der im Kontopfändungsschutzrecht in inländischer Währung zu berechnenden und zu gewährenden Freibeträge kann ein Fremdwährungskonto, das in ausländischer Währung geführt wird, nicht als Pfändungsschutzkonto geführt werden.

1 BT-Drucks. 19/19850, S. 31.

## 1.8 Pfändungsschutzkonto als Nachlasskonto

Verstirbt der Inhaber eines Pfändungsschutzkontos, so entfällt mit seinem Tod die Eigenschaft als Pfändungsschutzkonto. Diese ist höchstpersönlicher Natur und an die Person des Kontoinhabers gebunden. Mit dem Erlöschen der Eigenschaft als Pfändungsschutzkonto verliert das Guthaben auf dem Konto seinen Pfändungsschutz. Es ist – vorbehaltlich eines Antrags nach § 765a ZPO – an den Gläubiger auszukehren.

## 1.9 Einrichtung eines Pfändungsschutzkontos in Abwesenheit des Kunden

Der Kunde ist nicht dazu verpflichtet, die Erklärung zur Umwandlung des Kontos in ein Pfändungsschutzkonto in der Filiale eines Kreditinstituts abzugeben. Er kann die Erklärung z. B. auch per Brief, per E-Mail oder sogar via Telefon abgeben. Das Gesetz schreibt ihm keine bestimmte Form vor. Egal, welche Form der Kunde wählt, wichtig ist, dass er auch die gesetzlich geforderte Erklärung nach § 850k Abs. 3 Satz 2 ZPO abgibt – die Erklärung, kein weiteres Pfändungsschutzkonto zu unterhalten. Auch für diese Erklärung ist keine bestimmte Form vorgeschrieben. Zu Beweiszwecken bietet es sich an, hier stets die Schriftform einzufordern. Dies kann auch nachträglich geschehen. Falls sich der Kunde beharrlich weigert, eine solche schriftliche Erklärung abzugeben, sollte dies dokumentiert werden.

## 1.10 Missbrauchsprävention – Unterhalten mehrerer Pfändungsschutzkonten

Jede natürliche Person darf nur ein Pfändungsschutzkonto unterhalten. Dem Gesetzgeber ist daran gelegen, einen möglichen Missbrauch durch das Unterhalten mehrerer Pfändungsschutzkonten auszuschließen. Dazu hat er verschiedene gesetzliche Regelungen eingeführt:

- ▷ Der Kontoinhaber muss bei der Umwandlung eines Zahlungskontos in ein Pfändungsschutzkonto erklären, dass er kein weiteres Pfändungsschutzkonto unterhält (§ 850k Abs. 3 Satz 2 ZPO).
- ▷ Bei der Umwandlung eines Zahlungskontos kann das Kreditinstitut die Umwandlung des Kontos in ein Pfändungsschutzkonto einer Auskunftei melden, sodass anhand des Datenbestands bei der Auskunftei

festgestellt werden kann, ob ein Kontoinhaber bereits ein Pfändungsschutzkonto unterhält (§ 909 Abs. 1 Satz 1 ZPO).

▷ Unterhält der Schuldner entgegen § 850k Abs. 3 Satz 1 ZPO mehrere Pfändungsschutzkonten, so ordnet das Vollstreckungsgericht auf Antrag des Gläubigers an, dass nur das vom Gläubiger in seinem Antrag bezeichnete Konto weiterhin als Pfändungsschutzkonto geführt wird (§ 850k Abs. 4 Satz 1 ZPO). Daraus folgt, dass das zu Unrecht bestehende neue Pfändungsschutzkonto bis zur gerichtlichen Entscheidung bestehen bleibt.

### 1.10.1 Kenntnis des Kreditinstituts von einem weiteren Pfändungsschutzkonto

Jeder Kontoinhaber darf nur ein Pfändungsschutzkonto unterhalten (§ 850k Abs. 3 Satz 1 ZPO). Sollte das Kreditinstitut bei Antragstellung wissen, dass bereits ein Pfändungsschutzkonto existiert, sollte es von der Eröffnung eines weiteren Pfändungsschutzkontos absehen; ein gesetzlicher Anspruch des Kontoinhabers auf Umwandlung besteht in diesem Fall nicht. Das Kreditinstitut sollte sein Verhalten jedoch nicht auf Vermutungen stützen. Eine Verwehrung des Anspruchs auf Umwandlung kommt nur bei positivem Wissen des Kreditinstituts von einem weiteren Pfändungsschutzkonto in Betracht. Im Zweifel ist dem Umwandlungsanspruch zu entsprechen.

### 1.10.2 Nachträgliche Kenntnis des Kreditinstituts von einem weiteren Pfändungsschutzkonto

Erfährt ein Kreditinstitut nach Einrichtung eines Pfändungsschutzkontos, dass der Kontoinhaber bei einem anderen Kreditinstitut ein weiteres Pfändungsschutzkonto führt, so hat das (zunächst) keine unmittelbare Auswirkung auf die Kontoführung.[1]

Liegt auf dem Konto noch keine Pfändung, kann das Kreditinstitut das Pfändungsschutzkonto wieder in ein „normales" Zahlungskonto umwandeln. Voraussetzung hierfür ist jedoch, dass die Tatsache, dass der Kunde

1 Strenger, Sudergat, Lutz: Kontopfändung und P-Konto. Voraussetzungen, Rechtsfolgen, Drittschuldnerbearbeitung. 3. Aufl., 2013, Köln, Rn. 565 ff. Sudergat empfiehlt, dass P-Konto in diesen Fällen nicht mehr als P-Konto zu führen und Beträge weder an den Schuldner noch an den Gläubiger auszuzahlen, sondern zu hinterlegen.

mehrere Pfändungsschutzkonten unterhält, feststeht. Im Zweifel sollte von einer Rückumwandlung abgesehen werden. Es bietet sich an, vor der Rückumwandlung den Kunden zu kontaktieren, um den Sachverhalt aufzuklären. Ein Fehler im Datenbestand der Auskunfteien kann nicht immer ausgeschlossen werden.

Ob darüber hinaus auch eine Kündigung des gesamten Kontovertrags möglich ist, ist höchstrichterlich noch nicht geklärt. So käme die Anwendung von § 42 Abs. 4 Nr. 2 ZKG für Basiskonten bzw. eine entsprechende Anwendung für andere Zahlungskonten in Betracht.

Liegt auf dem Pfändungsschutzkonto bereits eine Pfändung, so kommt eine Umwandlung des Pfändungsschutzkontos in ein normales Zahlungskonto nicht mehr in Betracht. In einem solchen Falle sieht das Gesetz in § 850k Abs. 4 Satz 1 ZPO nur die Möglichkeit vor, dass sich der Gläubiger an das Vollstreckungsgericht wendet, das dann darüber entscheidet, welches Konto als Pfändungsschutzkonto fortzuführen ist. Leistungen an den Kunden im Rahmen des Freibetrags vor Zustellung der gerichtlichen Entscheidung behalten ihre befreiende Wirkung, erst mit der Zustellung der Anordnung an das Kreditinstitut entfällt die Wirkung des Pfändungsschutzkontos (§ 850k Abs. 4 Satz 5 ZPO).

### 1.10.3 Meldung der Umwandlung in ein Pfändungsschutzkonto an eine Auskunftei und Unterrichtungspflicht

Die Meldung der Umwandlung eines Zahlungskontos in ein Pfändungsschutzkonto an eine Auskunftei soll der Missbrauchsprävention dienen, indem aus dem Datenbestand ersichtlich ist, ob ein Kontoinhaber bereits ein anderes Pfändungsschutzkonto unterhält.

Die Möglichkeit zur Meldung beschränkt sich nicht auf die SCHUFA. Auch andere Auskunfteien kommen grundsätzlich in Betracht. Sollte das Kreditinstitut eine Meldung an eine Auskunftei vornehmen, ist unbedingt daran zu denken, dass das Institut die Auskunftei auch darüber informiert, wenn der Kunde das Konto nicht mehr als Pfändungsschutzkonto führt (§ 909 Abs. 2 Satz 1 ZPO). Das Vernachlässigen dieser Pflicht könnte im Falle des Eintritts eines Schadens möglicherweise zu Schadensersatzpflichten führen.

### 1.10.4 Abfrage über bestehende Pfändungsschutzkonten bei einer Auskunftei

Die Erklärung des Kontoinhabers, dass er kein weiteres Pfändungsschutzkonto unterhält (§ 850k Abs. 3 Satz 2 ZPO), kann vom Kreditinstitut durch eine Anfrage bei einer Auskunftei überprüft werden. Das Ergebnis der Abfrage ist für das Kreditinstitut von Interesse, weil bei einem bereits bestehenden Pfändungsschutzkonto kein Anspruch des Kunden auf Führung eines Zahlungskontos als Pfändungsschutzkonto besteht. Das würde den Aufwand bei Kontopfändungen erheblich verringern, da jegliches Guthaben nach Ablauf der Zahlungssperre an den Gläubiger ausgekehrt werden kann, sofern sich aus dem Insolvenzrecht nichts anderes ergibt. Vor der Verweigerung der Umwandlung in ein Pfändungsschutzkonto empfiehlt sich eine Kontaktaufnahme mit dem Kunden, um ihm das Ergebnis der Abfrage mitzuteilen und die Gelegenheit zur Äußerung zu geben. Ist der Kunde nicht zu erreichen oder entzieht er sich einer Erwiderung, kann die Umwandlung bei entsprechender Auskunft der Auskunftei versagt werden. Dies sollte dem Kunden – gegebenenfalls unter Setzung einer finalen Frist zur Beibringung entlastender Nachweise – mitgeteilt werden.

Die Abfragemöglichkeit bei einer Auskunftei spielt auch im Kontext des § 901 Abs. 1 ZPO eine Rolle. Danach ist dem Kunden vom Zeitpunkt seines Verlangens auf Umwandlung eines debitorischen Kontos in ein Pfändungsschutzkonto an Aufrechnungs- und Verrechnungsschutz zu gewähren. Dieser dürfte nach Meinung der Autoren auch sofort greifen. Die Verfügungsmöglichkeit über pfändungsfreie Gutschriften wird man ihm aber erst gewähren, wenn das Institut zuvor die Abfrage bei der Auskunftei durchgeführt hat.

Es hat grundsätzlich (zu den Ausnahmen siehe den nächsten Absatz) keine nachteiligen Folgen für das Kreditinstitut, wenn es keine Abfrage bei einer Auskunftei vornimmt, bevor es ein Zahlungskonto in ein Pfändungsschutzkonto umwandelt. Ein Nachteil für den Pfändungsgläubiger aus der Führung mehrerer Pfändungsschutzkonten kann nur dann entstehen, wenn er die Guthaben auf diesen Pfändungsschutzkonten gepfändet hat. Sind aber beide Pfändungsschutzkonten gepfändet worden, so ist dies dem Gläubiger grundsätzlich aus der Drittschuldnererklärung ersichtlich.

Anders stellt es sich allerdings dar, wenn die Umwandlung in ein Pfändungsschutzkonto zu einem Zeitpunkt erfolgt, in dem das Guthaben auf dem Zahlungskonto bereits gepfändet worden ist und die Drittschuldnererklärung zuvor mit dem Inhalt abgegeben worden ist, dass das Konto nicht als Pfändungsschutzkonto geführt wird. Es ist freilich möglich – etwa zur Vermeidung von Nachfragen durch Gläubiger –, nach der Umwandlung in ein Pfändungsschutzkonto eine weitere Drittschuldnererklärung abzugeben, in der die Umwandlung in ein Pfändungsschutzkonto mitgeteilt wird. Eine Pflicht hierzu besteht allerdings nicht (siehe auch Kapitel 7 „Drittschuldnererklärung (§ 840 ZPO)", Abschnitt 7.2 „Umwandlung in ein Pfändungsschutzkonto nach Pfändungseingang, keine Nachmeldeerfordernis"). Um den Pfändungsgläubiger vor Schaden zu bewahren, sollte das Kreditinstitut in diesen Fällen aber vor einer Umwandlung stets eine Abfrage bei einer Auskunftei durchführen und eine Umwandlung ablehnen, sollte sich herausstellen, dass der Kontoinhaber bereits ein Pfändungsschutzkonto führt.

## 1.11 Einordnung des Pfändungsschutzkontos in das Produktangebot und Kontoführungsentgelt

### 1.11.1 Entgelt für die Umwandlung eines Zahlungskontos in ein Pfändungsschutzkonto

Das Kreditinstitut ist gesetzlich verpflichtet, ein bestehendes Zahlungskonto in ein Pfändungsschutzkonto umzuwandeln, sofern der Kunde noch kein Pfändungsschutzkonto führt. Weil der Kunde einen gesetzlichen Anspruch hat, ist es unzulässig, ein Entgelt für die Umwandlung eines Zahlungskontos in ein Pfändungsschutzkonto zu verlangen.[1]

### 1.11.2 Entgelt für die Einrichtung von individuellen Pfändungsfreibeträgen

Die Umwandlung eines Zahlungskontos in ein Pfändungsschutzkonto geht oft einher mit der Vorlage des Kontoinhabers von Bescheinigungen zur Erhöhung des Grundfreibetrags, um seinen individuellen Verhältnissen Rechnung zu tragen. Die Prüfung dieser Bescheinigungen war nach

1 OLG Köln 19.05.2011 – 13 U 50/11.

alter Rechtslage sehr aufwendig. Insbesondere bei Bescheinigungen von Sozialleistungsträgern musste aufwendig geprüft werden, welche der bescheinigten Sozialleistungen zu einer Erhöhung des Pfändungsfreibetrags auf dem Pfändungsschutzkonto führte und welche nicht.

Vor diesem Hintergrund hat sich den Kreditinstituten die Frage gestellt, ob für die Prüfung der vorgelegten Bescheinigungen und die Einrichtung der individuellen Pfändungsfreibeträge ein Entgelt verlangt werden darf. Angesichts der restriktiven Haltung des Bundesgerichtshofs hinsichtlich der Erhebung von Entgelten für Leistungen der Kreditinstitute im Zusammenhang mit Pfändungsschutzkonten dürfte dies – wo es erfolgt ist – höchst fraglich gewesen sein.

Nach neuer Rechtslage sind die Sozialleistungsträger verpflichtet, ihre Bescheinigungen aufgrund der Vorschriften in § 903 Abs. 3 Satz 2 und Satz 3 ZPO so zu gestalten, dass deren Prüfung für die Kreditinstitute einfacher wird.

### 1.11.3 Entgelt für die Bearbeitung und Überwachung von Pfändungsmaßnahmen

Klauseln in den Allgemeinen Geschäftsbedingungen von Kreditinstituten, in denen für die Bearbeitung und Überwachung von Pfändungsmaßnahmen gegen Kunden von diesen ein Entgelt gefordert wird, verstoßen gegen § 307 BGB und sind daher unzulässig.[1]

### 1.11.4 Kontoführungsentgelt

Insbesondere zu Beginn der Einführung des Pfändungsschutzkontos wurde die Frage diskutiert, ob für die Führung dieser Konten ein höheres Entgelt verlangt werden darf. Die Pfändungsschutzkonten verursachen bei den Kreditinstituten einen hohen Bearbeitungsaufwand und sind folglich ein großer Kostenfaktor. Daher gab es seitens der Kreditinstitute die Bestrebung, die Pfändungsschutzkontoinhaber als Verursacher dieser Kosten heranzuziehen, um eine „Verteilung" dieser Kosten auf alle anderen Kunden zu verhindern.

---

1 BGH, Urt. v. 18.05.1999 – XI ZR 219/98; BGH, Urt. v. 19.10.1999 – XI ZR 8/99.

Dies wird vor allem vor dem Hintergrund verständlich, dass die Kreditinstitute dem Grunde nach nichts mit der Geschäftsbeziehung zwischen dem pfändenden Gläubiger und dem Schuldner zu tun haben. Sie werden nur, wenn es zu Kontopfändungen kommt, in ihrer Funktion als Drittschuldner in die Abwicklung dieses Vertragsverhältnisses hineingezogen. Der von den Instituten in dieser Situation vom Gesetz abverlangte Beitrag übersteigt den anderer Drittschuldner bei weitem. Insofern ist nicht nachvollziehbar, warum der Schuldner, der seinen Zahlungspflichten nicht nachgekommen ist, als Verursacher dieser Kosten nicht wenigstens anteilig daran beteiligt werden soll.

Der Bundesgerichtshof hat jedoch entschieden, dass eine im Preis- und Leistungsverzeichnis eines Kreditinstituts ggf. enthaltene Bestimmung über eine Kontoführungsgebühr für ein Pfändungsschutzkonto im Verkehr mit Verbrauchern unwirksam ist, wenn diese Gebühr über der zuvor für das Zahlungskonto vereinbarten Kontoführungsgebühr liegt. Das gilt ebenso, wenn das Kreditinstitut bei der Neueinrichtung eines Pfändungsschutzkontos ein Entgelt verlangt, das über dem Entgelt liegt, das das Institut für ein (einem Neukunden üblicherweise als Gehaltskonto angebotenes) Standardkonto mit vergleichbarem Leistungsinhalt berechnet.[1]

Ebenso unzulässig sind Klauseln über die gesonderte Berechnung von Leistungen bei Pfändungsschutzkonten, soweit diese – gegenüber dem bislang vereinbarten Kontomodell – die Berechnung eines zusätzlichen Entgelts zur Folge haben.[2] Die Umwandlung und Führung von Pfändungsschutzkonten ist eine gesetzliche Pflicht und kann nicht als Zusatzleistung der Kreditinstitute verstanden werden. Klauseln in Allgemeinen Geschäftsbedingungen, die dennoch ein erhöhtes Entgelt vorsehen, benachteiligen den Kunden daher unangemessen und sind unwirksam. Diese Rechtsprechung dürfte auch nach der Reform im Rahmen des Pfändungsschutzkonto-Fortentwicklungsgesetzes weiter Geltung behalten. Die einschlägigen Normen haben sich nicht entscheidend geändert. Zudem schreibt § 850k Abs. 2 Satz 2 ZPO jetzt ausdrücklich fest, dass das Vertragsverhältnis im Übrigen unberührt bleibt. Hier kommt der Wille des Gesetzgebers zum Ausdruck, dass an das Umwandlungsbegehren des Kunden nicht mehr Folgen geknüpft werden dürfen als zur Umwandlung eines herkömmlichen Zahlungskontos in ein Pfändungsschutzkonto unbedingt erforderlich sind. Ein höheres Entgelt gehört nicht dazu.

Im Ergebnis kann man Folgendes festhalten:

1 BGH, Urt. v. 13.11.2012 – XI ZR 500/11.

2 BGH, Urt. v. 16.06.2013 – XI ZR 260/12.

1. Hat der Kunde bei dem Kreditinstitut bereits ein Zahlungskonto, dann darf die Umwandlung in ein Pfändungsschutzkonto nicht mit höheren Kontoführungsgebühren einhergehen.
2. Verlangt der Neukunde die Einrichtung eines Pfändungsschutzkontos, ohne dass bisher ein Zahlungskonto bestanden hätte, so muss sich das hierfür zu entrichtende Entgelt an der Preisstruktur eines Standardkontos orientieren.

In diesem Zusammenhang stellt sich die Frage, welche Konten als Referenzkonten für die Entgelthöhe der Pfändungsschutzkonten geeignet sind. Entscheidend für die Bestimmung eines Referenzkontos ist, welches Kontomodell Neukunden üblicherweise als Standardkonto angeboten wird.[1] Hierfür kann auf Werbeaussagen, die Kontobezeichnung oder ähnliche Kriterien abgestellt werden.[2] Nicht maßgeblich sind die marktüblichen Konditionen, sonstige Vergleiche mit Angeboten anderer Institute oder die am häufigsten abgeschlossenen Konten, wobei in Einzelfällen auch eine grobe Orientierung an diesen Kriterien angebracht sein kann, um Sonderkonstellationen richtig einordnen zu können.

## 1.12 Beendigung des Pfändungsschutzkontos

### 1.12.1 Rückumwandlungsanspruch des Kontoinhabers

Der Kontoinhaber hat einen Anspruch darauf, dass das Kreditinstitut auf sein Verlangen hin sein Pfändungsschutzkonto wieder als Zahlungskonto ohne Pfändungsschutz führt (§ 850k Abs. 5 ZPO Satz 1). Dieser Anspruch ist erst mit dem Pfändungsschutzkonto-Fortentwicklungsgesetz zum 1. Dezember 2021 eingeführt worden und bestand vorher nicht. Die Rückumwandlung muss zum Monatsende erfolgen, aber nur dann, wenn das Kreditinstitut mindestens vier Tage Bearbeitungszeit hat. Um den Instituten einen erleichterten Abschluss der Pfändungsschutzfunktion zu ermöglichen, kann eine Abwicklung zu einem anderen Zeitpunkt als am

1 Ahrens, NJW 2013, 975 (976).
2 Ahrens, NJW 2013, 975 (976).

Monatsende nicht verlangt werden.[1] Werden dem Kreditinstitut also am Ende eines Monats nicht zumindest vier Tage Zeit für die Rückumwandlung gegeben, darf sie erst zum Ende des darauffolgenden Monats verlangt werden. Der Schuldner kann die Aufhebung auch für spätere Monate als den laufenden Kalendermonat verlangen. Kreditinstituten steht ein Rückumwandlungsanspruch nicht zu.[2] In § 850k Abs. 5 Satz 2 i. V. m. § 850k Abs. 2 Satz 2 ZPO wird klargestellt, dass das Vertragsverhältnis auch im Falle einer Rückumwandlung im Übrigen unberührt bleibt.

Da es sich um eine Schutznorm zugunsten des Instituts handelt, könnte es mit dem Kontoinhaber vereinbaren, eine Umwandlung zum Ende des Monats auch dann durchzuführen, wenn die Viertagesfrist nicht eingehalten wird. Darüber hinaus könnte es auch untermonatlich – also nicht erst zum Ende des Monats – eine Umwandlung vornehmen. Dieses Vorgehen ist jedoch, jedenfalls bei gepfändeten Konten, nicht zu empfehlen. Durch die Umwandlung wird nämlich sämtliches Guthaben von der Pfändung erfasst und nicht mehr nur dasjenige, das oberhalb des individuellen Pfändungsfreibetrags liegt. Für das neu erfasste Guthaben gilt dann wiederum § 900 Abs. 1 Satz 1 1. Halbs. ZPO (§ 835 Abs. 4 Satz 1 ZPO a. F.), wonach Guthaben erst nach Ablauf des auf die Pfändung folgenden Kalendermonats ausgekehrt werden darf. Da das über dem Pfändungsfreibetrag liegende Guthaben aus dem früheren Monat stammen kann, führt dies zu unterschiedlichen Auskehrzeitpunkten an den Gläubiger.

## 1.12.2 Kündigung durch Kontoinhaber

Der Kontoinhaber kann sein Pfändungsschutzkonto kündigen, selbst wenn er den Sollsaldo nicht ausgleichen kann. Es bestehen keine Unterschiede zur Kündigung eines Zahlungskontos, das kein Pfändungsschutzkonto ist. Die Regelung des § 489 Abs. 3 BGB, wonach eine Darlehenskündigung als nicht erfolgt gilt, wenn der geschuldete Betrag nicht binnen zwei Wochen zurückgezahlt wird, dürfte nicht greifen. Es muss zwischen dem Kontovertrag und dem Dispo- bzw. Überziehungskredit unterschieden werden. Hierbei handelt es sich um zwei unterschiedliche Vertragsverhältnisse.[3]

---

1 BT-Drucks. 19/19850, S. 31.

2 BT-Drucks. 19/19850, S. 31.

3 So auch der Schlichtungsspruch des Ombudsmannes der öffentlichen Banken, abgedruckt in: Der Ombudsmann der Öffentlichen Banken Tätigkeitsbericht der Kundenbeschwerdestelle 2011, S. 29 f.

Die Frage, ob eine separate Kündigung der Zusatzvereinbarung zur Führung eines Pfändungsschutzkontos möglich ist, dürfte sich mit der Reform erledigt haben.[1] Der Gesetzgeber geht nun nicht mehr von einer Zusatzvereinbarung zum ohnehin bestehenden Kontovertrag aus, auf die der Kontoinhaber einen Anspruch hat, sondern hat das Recht auf Einrichtung eines Pfändungsschutzkontos als einseitiges Gestaltungsrecht ausgestaltet. Zudem besteht mit § 850k Abs. 5 Satz 1 ZPO nun ein Anspruch auf Rückumwandlung des Pfändungsschutzkontos in ein Zahlungskonto ohne Pfändungsschutz, der die allgemeinen Kündigungsregeln verdrängen dürfte.

### 1.12.3 Kündigung durch Kreditinstitut

Die Umwandlung in ein Pfändungsschutzkonto bedeutet nicht, dass ein solches Konto nicht gekündigt werden kann.

Wenn es sich bei dem Pfändungsschutzkonto um ein Basiskonto handelt, sind für die Kündigung durch das Kreditinstitut die besonderen Vorschriften des Zahlungskontengesetzes (ZKG) – insbesondere § 42 ZKG – zu beachten.

Sofern es sich bei dem Pfändungsschutzkonto nicht um ein Basiskonto handelt, gelten hinsichtlich der Zulässigkeit der Kündigung keine Besonderheiten im Vergleich zu anderen Zahlungskonten.

### 1.12.4 Kontoguthaben nach Kündigung – Abschlusssaldo

Mit Wirksamwerden der Kündigung ist ein Abschlusssaldo zu bilden. Sind die Ansprüche des Kunden gegen das Kreditinstitut nicht gepfändet, so wird das Kreditinstitut das Restguthaben – den Abschlusssaldo – nach Abrechnung des Kontos an den Kunden auszahlen. Sind die Ansprüche hingegen gepfändet, ist auch der Anspruch auf Auszahlung des Abschlusssaldos von der Pfändung erfasst. Dieser Abschlusssaldo unterliegt nicht mehr dem Pfändungsschutz, da ein Pfändungsschutzkonto nicht

1 Wohl dagegen: Ahrens, NJW 2013, 975 (977). Nach Auffassung des OLG Schleswig, Urt. v. 26.06.2012 – 2 U 10/11, WM 2012, 1914–1920 = ZIP 2012, 1901–1908 (obiter dictum) soll das Kreditinstitut eine Kündigung der Zusatzvereinbarung durch den Kunden nur im Einzelfall wegen unzulässiger Rechtsausübung (§ 242 BGB) ablehnen können, wenn etwa der Kunde häufiger einen „Wechsel zum Pfändungsschutzkonto und zurück" verlangt.

mehr besteht. Mit Wirksamwerden der Kündigung endet nicht nur der Kontovertrag, sondern auch die Eigenschaft des Kontos als Pfändungsschutzkonto. Der Anspruch des Kunden aus dem Abschlusssaldo unterliegt damit vollständig der Pfändung und ist im Rahmen der Pfändung an den Pfändungsgläubiger auszukehren. Das gilt unabhängig davon, ob der Pfändungsfreibetrag für den laufenden Kalendermonat bereits vollständig in Anspruch genommen worden ist. Über Guthaben auf dem Pfändungsschutzkonto hätte der Kontoinhaber vor Wirksamwerden der Kündigung im Rahmen des monatlichen Pfändungsfreibetrags verfügen können. Nach Wirksamwerden der Kündigung kann Pfändungsschutz für noch vorhandenes Guthaben nicht mehr gewährt werden.

# 2 Gemeinschaftskonten (§ 850 l ZPO)

Der im Rahmen des Pfändungsschutzkonto-Fortentwicklungsgesetzes eingeführte § 850 l ZPO enthält erstmals Regelungen zum Pfändungsschutz bei Gemeinschaftskonten. Nach alter Rechtslage konnte das Guthaben auf einem Gemeinschaftskonto vollumfänglich gepfändet werden, ohne dass die Gemeinschaftskontoinhaber die Möglichkeit gehabt hätten, zu einem Kontopfändungsschutz zu gelangen. Selbst wenn das Guthaben ursprünglich nicht vom Pfändungsschuldner stammte, sondern z. B. aus einer Erbschaft des Mitkontoinhabers, die dieser auf das gemeinsame Konto eingezahlt hat, konnte es gepfändet werden.

Insbesondere gegenüber dem Mitkontoinhaber, der nicht Pfändungsschuldner ist, wurde dieses Ergebnis als nicht sachgerecht empfunden. Bei Gemeinschaftskontoinhabern leisten häufig alle Mitkontoinhaber einen gleichen oder ähnlichen Beitrag auf das Konto. Der oder die Mitkontoinhaber, die nicht Pfändungsschuldner sind, hätten die Gutschrift auf das Gemeinschaftskonto in aller Regel nicht veranlasst, wenn sie Kenntnis darüber gehabt hätten, dass die Gutschrift einem Gläubiger ihres Mitkontoinhabers zufließt. Ihnen aufgrund dieser mangelnden Kenntnis das Guthaben zu entziehen, erschien unbillig. Dies gilt umso mehr vor dem Hintergrund, dass die Gutschrift auf dem Einzelkonto eines Pfändungsschuldners Pfändungsschutz genießt. Nach alter Rechtslage kam es also zu der nach normativen Maßstäben schwer nachvollziehbaren Wertung, dass der Pfändungsschuldner auf seinem Einzelkonto Pfändungsschutz in Anspruch nehmen konnte, das Guthaben des Nichtpfändungsschuldners auf dem Gemeinschaftskonto aber ohne jeden Schutz auskommen musste.

Zudem wird mit den neuen Regelungen über Gemeinschaftskonten dem Umstand Rechnung getragen, dass vermutlich gerade im familiären Verbund viele Pfändungsschuldner einen Großteil ihres Geldes auf Gemeinschaftskonten haben. Eine Pfändung des Gemeinschaftskontos hatte nach alter Rechtslage den Verlust des der Familie zur Verfügung stehenden Geldes zur Bestreitung des Lebensunterhalts zur Folge.

Das Pfändungsschutzkonto-Fortentwicklungsgesetz[1] hat Regelungen geschaffen, um über diese Wertungswidersprüche hinwegzuhelfen.

## 2.1 Grundprinzip des Kontopfändungsschutzes bei Gemeinschaftskonten

Nach dem durch das Pfändungsschutzkonto-Fortentwicklungsgesetz geänderten Recht gilt, dass aus dem Guthaben des Gemeinschaftskontos erst nach Ablauf eines Monats nach Zustellung des Überweisungsbeschlusses an den Gläubiger geleistet oder hinterlegt werden darf (§ 850 l Abs. 1 Satz 1 ZPO). Dies gilt auch für künftiges Guthaben (§ 850 l Abs. 1 Satz 2 ZPO).

Innerhalb der Monatsfrist kann der Pfändungsschuldner, der eine natürliche Person ist, von dem Kreditinstitut verlangen, dass bestehendes oder künftiges Guthaben von dem Gemeinschaftskonto auf ein bei dem Kreditinstitut allein auf seinen Namen laufendes Zahlungskonto übertragen wird (§ 850 l Abs. 2 Satz 1 ZPO). Auch der Nichtpfändungsschuldner kann eine solche Übertragung verlangen, wenn er eine natürliche Person ist (§ 850 l Abs. 3 i. V. m. Abs. 2 Satz 1 ZPO). Für die Übertragung auf das Einzelkonto ist eine Mitwirkung der anderen Kontoinhaber oder des Gläubigers nicht erforderlich (§ 850 l Abs. 2 Satz 3 und § 850 l Abs. 3 i. V. m. Abs. 2 Satz 3 ZPO). Der Übertragungsbetrag beläuft sich grundsätzlich auf den Kopfteil[2] des Schuldners an dem Guthaben (§ 850 l Abs. 2 Satz 4 ZPO). Sämtliche Kontoinhaber können sich aber gemeinsam mit dem Gläubiger auf eine abweichende Aufteilung des Guthabens verständigen (§ 850 l Abs. 2 Satz 5 1. Halbs. ZPO). Für eine solche abweichende Aufteilung ist jedoch stets die Textform erforderlich (§ 850 l Abs. 2 Satz 5 2. Halbs. ZPO).

1 Gesetz zur Fortentwicklung des Rechts des Pfändungsschutzkontos und zur Änderung von Vorschriften des Pfändungsschutzes (Pfändungsschutzkonto-Fortentwicklungsgesetz – PKoFoG) vom 22.11.2020 BGBl. I S. 2466 (Nr. 54).

2 Unter dem Kopfteil versteht man den individuellen Anteil an einer Gesamtheit. Seine Höhe ist von der Anzahl der Berechtigten an der Gesamtheit abhängig. Bei zwei Berechtigten beträgt der Kopfteil jeweils eine Hälfte. Bei vier Berechtigten beträgt der Kopfteil jeweils ein Viertel.

Guthaben, das so von einem Gemeinschaftskonto auf ein Einzelkonto übertragen wird, ist dann nur noch auf dem Einzelkonto des Pfändungsschuldners gepfändet (§ 850 l Abs. 4 1. Halbs. ZPO). Das Guthaben, das auf ein Einzelkonto eines Nichtpfändungsschuldners übertragen wird, ist nicht mehr von der Pfändung erfasst (§ 850 l Abs. 4 2. Halbs. ZPO). Es wird mit der Übertragung auf das Konto des Nichtpfändungsschuldners von der Pfändung frei. Dies hat zur Folge, dass der Nichtpfändungsschuldner über das Guthaben auf seinem Einzelkonto ganz normal verfügen kann. Dieses Guthaben unterscheidet sich nicht von anderem, nicht gepfändetem Guthaben.

Anders verhält es sich bei dem Guthaben, das auf das Einzelkonto des Pfändungsschuldners übertragen wurde. Dieses Guthaben ist weiterhin gepfändet. Der Pfändungsschuldner kann jetzt entweder das einmonatige Moratorium nach § 850 l Abs. 1 ZPO tatenlos verstreichen lassen mit der Folge, dass sein Guthaben an den Gläubiger ausgekehrt wird, oder er kann verlangen, dass sein Einzelkonto als Pfändungsschutzkonto geführt wird (§ 850 l Abs. 2 Satz 2 i. V. m. § 899 Abs. 1 Satz 1 1. Halbs. ZPO).

Um sich sein Guthaben – jedenfalls in der Höhe seines Pfändungsfreibetrags – zu erhalten, wird er in aller Regel vom Kreditinstitut die Umwandlung seines Einzelkontos in ein Pfändungsschutzkonto verlangen. In diesem Fall sind für sein Einzelkonto dann die Vorschriften des Pfändungsschutzkontorechts anzuwenden.

Im Ergebnis kann man also festhalten, dass bei gepfändeten Gemeinschaftskonten in den meisten Fällen am Ende die folgende Situation vorliegt: Der Pfändungsschuldner unterhält ein Einzelkonto, das als Pfändungsschutzkonto geführt wird, und der Nichtpfändungsschuldner unterhält ein normales[1], nicht der Kontopfändung unterliegendes Einzelkonto.

Anstatt das Guthaben von dem Gemeinschaftskonto auf die Einzelkonten zu verteilen, hätte der Gesetzgeber auch die Möglichkeit eines Gemeinschaftspfändungsschutzkontos schaffen können. Da das Pfändungsschutzkontorecht jedoch ein individuelles Recht ist,[2] das die individuellen Lebensbedürfnisse jedes Kontoinhabers zugrunde legt, hat der Gesetz-

1 Natürlich darf auch der Nichtpfändungsschuldner sein Einzelkonto als Pfändungsschutzkonto führen, sollte er dafür Veranlassung sehen. Da sein Guthaben aber mit der Übertragung auf sein Einzelkonto pfändungsfrei geworden ist, besteht hierfür – jedenfalls aufgrund der ursprünglichen Pfändung des Gemeinschaftskontos – keine Veranlassung.

2 BT-Drucks. 19/19850 S. 33.

geber sich beim Kontopfändungsschutz weiterhin an Einzelkonten orientiert.

Weil das Pfändungsschutzkontorecht Ausfluss des Sozialstaatsprinzips ist und dem Kontoinhaber ausreichend Guthaben zur Verfügung stellen möchte, um sein Existenzminimum zu bestreiten, kann eine Umverteilung von Guthaben auf Gemeinschaftskonten nur von einer natürlichen Person verlangt werden. Eine juristische Person hat keinen – sich aus dem Sozialstaatsprinzip ergebenden – Anspruch auf Sicherung des Existenzminimums. Ihr steht daher der Anspruch auf Übertragung von Guthaben von einem Gemeinschaftskonto auf ein Einzelkonto nicht zu.[1]

## 2.2 Pfändung von Gemeinschaftskonten

Voraussetzung für die oben beschriebene Übertragung des Guthabens des Gemeinschaftskontos auf die Einzelkonten der Mitkontoinhaber ist die Pfändung des Gemeinschaftskontos.

Für die Pfändung eines Gemeinschaftskontos muss zwischen Und-Konten und Oder-Konten unterschieden werden. Von Oder-Konten spricht man dann, wenn alle Mitkontoinhaber jeweils einzeln verfügungsbefugt sind. Es kann also sowohl Kontoinhaber A als auch (oder) Kontoinhaber B ohne die Mitwirkung des jeweils anderen über das Kontoguthaben verfügen. Für eine Überweisung, Abhebung usw. ist also keine Mitwirkung der übrigen Mitkontoinhaber erforderlich.

Bei Und-Konten dürfen die Mitkontoinhaber nur gemeinschaftlich über das Guthaben verfügen. Mitkontoinhaber A darf also beispielsweise nur dann Geld abheben, eine Überweisung tätigen usw., wenn Mitkontoinhaber B zustimmt.

Ein Oder-Konto ist bereits dann gepfändet, wenn auch nur gegen einen Mitkontoinhaber eine Pfändung vorliegt[2], denn im Fall eines Oder-Kontos hat jeder Mitkontoinhaber einen Verfügungsanspruch über das gesamte Kontoguthaben. Es hat somit der Pfändungsschuldner einen Verfügungsanspruch über das gesamte Guthaben, das deshalb in voller Höhe von der Pfändung erfasst wird.

---

1 BT-Drucks. 19/19850 S. 32.

2 BT-Drucks. 19/19850 S. 31.

Bei Und-Konten muss dagegen gegenüber jedem Mitkontoinhaber eine Pfändung vorliegen.[1] Nur dann ist das Guthaben des Und-Kontos gepfändet. Denn der Verfügungsanspruch der Mitkontoinhaber besteht nur, wenn alle Mitkontoinhaber der Verfügung zustimmen. Verweigert auch nur einer seine Zustimmung, können die übrigen Kontoinhaber nicht über das Guthaben verfügen.

Bei den meisten hier relevanten Gemeinschaftskonten dürfte es sich um Oder-Konten handeln. Nur so können z. B. Ehegatten das Gemeinschaftskonto zum Bestreiten des Familienunterhaltes nutzen. Jeweils immer die Zustimmung des anderen Mitkontoinhabers einzuholen, ist im Rahmen der täglichen Lebensführung kaum praktikabel.

Ein Gemeinschaftskonto i. S. d. § 850 l ZPO liegt im Übrigen vor, wenn der Schuldner mit einer natürlichen Person, mit einer juristischen Person oder mit einer Mehrheit von Personen ein Konto unterhält (vgl. § 850 l Abs. 1 Satz 1 ZPO). Es ist also stets erforderlich, dass mindestens zwei Kontoinhaber existieren.

## 2.3 Schuldner muss eine natürliche Person sein

Nicht nur derjenige, der eine Übertragung des Guthabens von dem Gemeinschaftskonto auf sein Einzelkonto verlangt, muss eine natürliche Person sein, sondern auch der Pfändungsschuldner. Handelt es sich beim Pfändungsschuldner um eine juristische Person, darf eine Übertragung nicht stattfinden.[2] Das gilt auch dann, wenn es sich bei demjenigen, der die Übertragung verlangt, um eine natürliche Person handeln sollte.

Diese Regelung mag zunächst überraschen. Schließlich ist ein Mitkontoinhaber nicht allein deshalb weniger schutzwürdig, weil der Pfändungsschuldner eine juristische Person ist. Vor diesem Hintergrund spräche einiges dafür, § 850 l ZPO auch auf Konstellationen anzuwenden, in denen der Pfändungsschuldner eine juristische Person, der die Übertragung verlangende Mitkontoinhaber aber eine natürliche Person ist.

Im Ergebnis muss jedoch dem klaren Wortlaut des § 850 l Abs. 2 Satz 1 ZPO Rechnung getragen werden, der für die Übertragung auf ein Ein-

---

1 BT-Drucks. 19/19850 S. 31.

2 Knees WM 2021, 664.

zelkonto verlangt, dass der Schuldner eine natürliche Person ist. Für diese Auslegung spricht auch, dass der Rechtsausschuss diese Voraussetzung nachträglich ausdrücklich eingefügt hat.[1] Ihm kam es also explizit auf eine Verschärfung der Voraussetzungen an. Der Hintergrund dieser Änderung ist wohl, dass man unlautere Vermögensverschiebungen von Gesellschaftsvermögen verhindern wollte. Eine juristische Person könnte ansonsten einen Teil des Guthabens auf dem Firmenkonto vor dem Zugriff des Gläubigers retten, indem sie weitere Mitkontoinhaber – die natürliche Personen sein müssten – in das Konto mitaufnimmt. Wird das Guthaben gepfändet, könnten die Mitkontoinhaber die Übertragung auf Einzelkonten verlangen und so den Pfändungsgläubiger an der Befriedigung seiner Ansprüche hindern.

## 2.4 Übertragung von Guthaben nur für den, der es verlangt

Eine Übertragung von Guthaben von dem Gemeinschaftskonto auf das Einzelkonto darf nur für denjenigen vorgenommen werden, der es verlangt. Ob er eine Übertragung vornimmt oder nicht, ist jedem Gemeinschaftskontoinhaber selbst überlassen. Das Kreditinstitut darf daher nicht das Verlangen nur eines Kontoinhabers zum Anlass nehmen, um auch für die übrigen Kontoinhaber eine Übertragung vorzunehmen. Ein Hinweis des Kreditinstituts darauf, dass die Übertragung nur auf Verlangen der Mitkontoinhaber erfolgt, ist indessen zulässig und hilfreich. Die von der Deutschen Kreditwirtschaft (DK) und der Arbeitsgemeinschaft Schuldnerberatung der Verbände (AG SBV) herausgegebenen gemeinsamen Kundeninformationen werden diesen Hinweis deutlich enthalten. Verlangt indessen nur ein Kontoinhaber die Übertragung und die übrigen Kontoinhaber nicht, so muss der auf dem Gemeinschaftskonto verbliebene Betrag nach Ablauf des Moratoriums an den Gläubiger ausgekehrt werden.

## 2.5 Höhe der Pfändungsfreibeträge auf dem Einzelkonto des Schuldners

Wenn eine Übertragung des Guthabens von dem Gemeinschaftskonto auf das Einzelkonto des Pfändungsschuldners erfolgt, so ist dieses Guthaben

1 Vgl. den Wortlaut des Regierungsentwurfs: BT-Drucks. 19/19850 S. 10.

auch weiterhin der Pfändung unterworfen (siehe oben Abschnitt 2.2). Der Pfändungsschuldner wird dann in der Regel – um sich die Verfügungsmöglichkeit über das Guthaben in Höhe seines Pfändungsfreibetrags zu erhalten – ein Pfändungsschutzkonto einrichten oder – falls er schon ein Pfändungsschutzkonto führt – die Übertragung des Guthabens auf dieses Pfändungsschutzkonto verlangen. Bei der Berechnung der Höhe des Pfändungsfreibetrags auf einem zusätzlich zum Gemeinschaftskonto neu eingerichteten Pfändungsschutzkonto sind die gleichen Grundsätze anzuwenden wie bei der Berechnung eines Freibetrags auf einem Pfändungsschutzkonto, das seinen Ursprung nicht in einem Gemeinschaftskonto hat. Insoweit gelten keine Besonderheiten.

## 2.6 Übertragungsanspruch nur auf Konto desselben Kreditinstitutes

Aufgrund des eindeutigen Wortlautes von § 850 l Abs. 2 Satz 1 ZPO kann der Pfändungsschuldner die Übertragung seines Teils am Gemeinschaftskontoguthaben nur auf ein Konto bei demselben Kreditinstitut verlangen. Er hat keinen Anspruch darauf, dass das Guthaben auf ein Konto bei einer anderen Bank oder Sparkasse übertragen wird. Ansonsten käme es zu einem unzulässigen Austausch des Drittschuldners.

Der Pfändungsschuldner hat allerdings grundsätzlich einen Anspruch auf Umwandlung seines Einzelkontos – auf das das Guthaben des Gemeinschaftskontos übertragen wird – in ein Pfändungsschutzkonto (§ 850 l Abs. 2 Satz 2 i. V. m. § 850k Abs. 1 Satz 1 ZPO). Dies gilt jedoch dann nicht, wenn er bereits beim selben oder einem anderen Institut ein Pfändungsschutzkonto führt (§ 850k Abs. 3 Satz 1 ZPO). Somit hat er keine Möglichkeit, seinen Anteil des Gemeinschaftskontos der Pfändung zu entziehen. Es muss dabei beachtet werden, dass er ja Pfändungsschutz auf dem anderen Einzelkonto in Höhe seines individuellen kalendermonatlichen Freibetrages erhält. Sein soziales Existenzminimum ist somit gesichert. Ihm mehr zuzugestehen als anderen Pfändungsschuldnern, nur weil sein Guthaben aus einem Gemeinschaftskonto herrührt, wäre nicht sachgerecht. Auch Schuldner, die Inhaber mehrerer Einzelkonten sind, können einmal gepfändetes Guthaben ja nicht auf mehrere Pfändungsschutzkonten verschieben. Insofern kann auch für Gemeinschaftskontoinhaber nichts anderes gelten.

## 2.7 Zeitpunkt der Übertragung des Guthabens

Verlangt ein Kontoinhaber die Übertragung des Guthabens des Gemeinschaftskontos auf sein Einzelkonto, so stellt sich die Frage, zu welchem Zeitpunkt diese Übertragung vorzunehmen ist. Hier macht das Gesetz keine strikten Vorgaben, sondern belässt bei der Umsetzung eine gewisse Flexibilität. Sinnvollerweise sollte zwischen Guthaben zum Zeitpunkt des erstmaligen Verlangens der Übertragung und später eingehendem Guthaben unterschieden werden.

Wenn der Mitkontoinhaber von dem Kreditinstitut verlangt, das Guthaben auf sein Einzelkonto zu übertragen, so sollte diesem Verlangen in Anlehnung an § 850k Abs. 2 Satz 1 ZPO bis zum Beginn des vierten auf sein Verlangen folgenden Geschäftstags entsprochen werden.

Später eingehendes Guthaben, also Guthaben, das anschließend bis zum Ablauf des Moratoriums auf dem Konto eingeht, muss spätestens am Ende der Frist des Moratoriums übertragen werden. Gerade bei Gemeinschaftskonten mit mehreren Kontoinhabern ist mit einer Vielzahl von Gutschriften zu rechnen. Um dem Drittschuldner eine Bearbeitung mit wirtschaftlich verträglichen Mitteln zu ermöglichen, kann eine Übertragung nicht bei jeder weiteren Gutschrift verlangt werden. Dies widerspräche einer auch vom Gesetzgeber gewollten – möglichst – automatisierten Bearbeitung der Pfändungsschutzkonten, soweit eine automatisierte Übertragung technisch nicht darstellbar ist.

## 2.8 Gutschriften nach Ablauf des Moratoriums

§ 850 l Abs. 1 Satz 1 ZPO ordnet für Guthaben auf Gemeinschaftskonten ein einmaliges Moratorium von einem Monat an. Nach § 850 l Abs. 1 Satz 2 ZPO gilt dies auch für künftiges Guthaben. Der Verweis in Satz 2 bedeutet jedoch nicht, dass die Monatsfrist für jede Gutschrift neu zu laufen beginnt. Vielmehr soll den Gemeinschaftskontoinhabern die Möglichkeit gegeben werden, innerhalb eines Monats eine Übertragung von aktuellen und künftigen Guthaben zu veranlassen und über das Schicksal des Gemeinschaftskontos zu entscheiden.

Guthaben, das nach diesem Zeitraum dem Gemeinschaftskonto gutgeschrieben wird, unterliegt unwiderruflich der Pfändung und kann nicht mehr durch eine Übertragung auf Einzelkonten geschützt werden. Das kann in der Praxis dazu führen, dass gepfändete Gemeinschaftskonten nach Ablauf des Moratoriums vermehrt gekündigt werden.

## 2.9 Dauer des Moratoriums beim Pfändungsschuldner

Das Moratorium für die Überweisung des Guthabens an den Pfändungsgläubiger beträgt einen Monat (§ 850 l Abs. 1 ZPO). Diese Regelung verdrängt als speziellere Regelung die allgemeinere Vorschrift in § 835 Abs. 3 ZPO. Ob dies auch für das ebenfalls mit dem Pfändungsschutzkonto-Fortentwicklungsgesetz eingeführte Moratorium nach § 900 ZPO gilt, ist indessen zweifelhaft. Mit dem Gerichtsvollzieherschutzgesetz vom 7. Mai 2021 wurde in § 850 l Abs. 2 Satz 2 der Verweis auf die Regelungen des Buches 8 Abschnitt 4 ZPO eingefügt und damit auch der ausdrückliche Verweis auf § 900 ZPO. Daraus könnte gefolgert werden, dass über diesen Verweis, mit der Übertragung des Kopfanteils auf ein Pfändungsschutzkonto des Schuldners, das Moratorium des § 900 Abs. 1 erneut zu laufen beginnt. Dies dürfte indessen nicht sachgerecht sein. Wird das Einzelkonto im Laufe der Monatsfrist des § 850 l Abs. 1 ZPO nicht in ein Pfändungsschutzkonto umgewandelt, muss das gepfändete Guthaben folglich ausgekehrt werden. Beim Nichtpfändungsschuldner stellt sich diese Frage nicht, da sein Teil am Guthaben mit der Übertragung auf sein Einzelkonto pfändungsfrei wird (§ 850 l Abs. 4 2. Halbs. ZPO).

## 2.10 Keine Verfügungsmöglichkeit während des Moratoriums

Nach der Rechtslage vor Inkrafttreten des Pfändungsschutzkonto-Fortentwicklungsgesetzes hat sich die Frage gestellt, ob der Mitkontoinhaber, der nicht der Pfändungsschuldner ist, über das Guthaben des Gemeinschaftskontos verfügen kann. Dies wurde mit einem Verweis auf den Wortlaut von § 829 Abs. 1 Satz 1 ZPO bejaht, der dem Drittschuldner – also dem Kreditinstitut – bei einer Pfändung nur die Leistung an den Schuldner untersagt. Da der Nichtpfändungsschuldner kein Schuldner ist und einen Verfügungsanspruch gegenüber dem Kreditinstitut hat, wurde ihm die Verfügungsmöglichkeit über das Guthaben auf dem Gemeinschaftskonto zugebilligt.

Diese Position dürfte unter Berücksichtigung des neuen § 850 l ZPO überholt sein. Zwar wird auch in § 850 l ZPO nicht ausdrücklich ein Zahlungsverbot ausgesprochen, man gelangt hierzu jedoch aufgrund einer systemischen Betrachtung. Die Regelung des § 850 l ZPO hätte keinen praktischen Anwendungsbereich, wenn der Nichtpfändungsschuldner auch weiterhin über das Guthaben verfügen könnte. Das in § 850 l ZPO vorgesehene Verfahren könnte einfach dadurch übergangen werden, dass der Nichtpfändungsschuldner das Guthaben auf dem Gemeinschaftskonto aufbraucht. Die Regelung in § 850 l Abs. 3 i.V.m. Abs. 2 Satz 1 ZPO – die dem Nichtpfändungsschuldner die Möglichkeit zur Übertragung des Guthabens auf ein Einzelkonto zubilligt – wäre überflüssig. Der Gesetzgeber wollte mit dem Übertragungsverfahren ein geordnetes Verfahren installieren, mit dem Guthaben auf Gemeinschaftskonten in die Schutzsystematik des Pfändungsschutzkontos übertragen werden kann.

## 2.11 Abweichende Aufteilung des Übertragungsbetrags

Grundsätzlich geht § 850 l ZPO von einer Aufteilung des vorhandenen und künftigen Guthabens pro Kopf, d.h. pro Mitkontoinhaber, aus. Bei zwei Mitkontoinhabern wäre dies also eine Aufteilung jeweils zur Hälfte; bei einer ungeraden Anzahl von Mitkontoinhabern wird auf die zweite Nachkommastelle kaufmännisch abgerundet, verbleibende Centbeträge sind einem beliebigen Kontoinhaber zuzuteilen (beispielsweise erhalten bei einem auf drei Mitkontoinhaber zu verteilenden Kontoguthaben von 100,00 EUR zwei Mitkontoinhaber einen Betrag in Höhe von 33,33 EUR und ein Mitkontoinhaber einen Betrag in Höhe von 33,34 EUR).

Nach § 850 l Abs. 2 Satz 5 1. Halbs. ZPO können sich sämtliche Gläubiger und Mitkontoinhaber gemeinsam auf eine – von der Aufteilung nach Köpfen – abweichende Aufteilung verständigen. Die der abweichenden Aufteilung zugrundeliegende Vereinbarung muss dem Kreditinstitut in Textform mitgeteilt werden (§ 850 l Abs. 2 Satz 5 2. Halbs. ZPO).

Unter Textform versteht man gemäß § 126b BGB eine lesbare Erklärung, in der die Person des Erklärenden genannt ist und die auf einem dauerhaften Datenträger abgegeben worden ist. Als dauerhafter Datenträger kommt jedes Medium in Betracht, das es dem Empfänger ermöglicht, eine auf dem Datenträger befindliche, an ihn persönlich gerichtete Erklärung so aufzubewahren oder zu speichern, dass sie ihm während eines für ihren Zweck angemessenen Zeitraums zugänglich ist. Außerdem muss das Medium geeignet sein, die Erklärung unverändert wiederzugeben. Sinn und Zweck der Vorschrift ist also, eine Perpetuierung der Erklärung zu erreichen. Eine eigenhändige Unterschrift – wie dies bei der Schriftform gemäß § 126 BGB vorgesehen ist – ist nicht erforderlich. Ausreichend sind z. B. Nachrichten per Brief (auch ohne Unterschrift) oder E-Mail.

Inhaltlich muss sich aus der Vereinbarung zumindest ergeben, dass sie zwischen allen notwendigen Beteiligten geschlossen ist. Lautet die Vereinbarung z. B. „Wir – die Kontoinhaber – vereinbaren ...", wäre der Pfändungsgläubiger nicht von ihr erfasst. Den inhaltlichen Anforderungen wäre dann nicht Genüge getan. Das Erfordernis, dass alle Pfändungsgläubiger und Kontoinhaber die Vereinbarung treffen müssen, gilt auch dann, wenn sich die Änderung der Übertragungsquote zu Gunsten des Gläubigers auswirken sollte. Der eindeutige Gesetzeswortlaut lässt für eine Abweichung von diesem Prinzip keinen Raum.

Welche Sorgfaltspflichten das Kreditinstitut bei Prüfung der Richtigkeit der Vereinbarung hat, erläutert das Gesetz nicht. Sinnvollerweise kann von den Instituten nicht mehr als eine Schlüssigkeitsprüfung verlangt werden. Hierzu gehört zumindest, dass das Institut die Namen mit den Kontoinhabern und dem/den Pfändungsgläubiger(n) abgleicht. Auch eine Kontrolle, dass der Pfändungsschuldner eine natürliche Person ist (siehe Abschnitt 2.3), wird man von den Instituten verlangen können. Darüber hinaus wird man eine Vereinbarung nur dann zurückweisen dürfen, wenn es konkrete Anhaltspunkte dafür gibt, dass nicht alle notwendig Beteiligen an ihr mitgewirkt haben oder sie inhaltlich unrichtig ist. Eigene Ermittlungen des Kreditinstituts, ohne dass es tatsächliche Anhaltspunkte für die Unrichtigkeit gibt, sind nicht erforderlich.

Eine andere Aufteilung des Guthabens als die nach Köpfen kann nur für künftige Übertragungen verlangt werden. Eine Rückabwicklung bereits vorgenommener Übertragungen kann nicht verlangt werden. Die Institute haben keine Möglichkeit, bereits übertragene Guthaben wieder einzuziehen und danach neu aufzuteilen. Möchte der Mitkontoinhaber, dass bereits bei der ersten Übertragung ein anderer Verteilungsschlüssel berücksichtigt wird, so muss er bereits in dem Zeitpunkt, in dem er erstmalig eine Übertragung verlangt, dem Kreditinstitut eine den gesetzlichen Anforderungen entsprechende Vereinbarung vorlegen.

Zu Beweiszwecken sollte die Originalvereinbarung durch das Kreditinstitut aufbewahrt werden. Dies betrifft auch frühere Vereinbarungen, die aufgrund einer später eingereichten Vereinbarung nicht mehr aktuell sind. Nur so kann in einem eventuellen Streitfall eine von der Aufteilung nach Köpfen abweichende Vereinbarung nachvollzogen werden.

## 2.12 Kontoführungsentgelt

Wenn ein Kontoinhaber die Übertragung des Guthabens auf ein Einzelkonto verlangt, darf das Kreditinstitut für das – gegebenenfalls neu entstehende – Einzelkonto das institutsübliche Kontoführungsentgelt für diese Kontoart verlangen. Derjenige, der die Übertragung des Guthabens verlangt und zugleich ein neues Zahlungsverkehrskonto erhält, bekommt eine zusätzliche, entgeltpflichtige Leistung.

## 2.13 Gemeinschaftskonto nach Übertragung des Guthabens auf Einzelkonten

Da Guthaben, das nach Ablauf des Moratoriums auf dem Gemeinschaftskonto eingeht, an den Pfändungsgläubiger ausgekehrt werden muss, bietet es sich für die Kontoinhaber an, das Gemeinschaftskonto danach zu schließen. Nur so kann sichergestellt werden, dass nicht doch irrtümlich noch Guthaben auf das Gemeinschaftskonto eingeht, etwa weil man jemanden nicht informiert hat, zukünftig nur noch auf ein anderes Konto zu überweisen, oder dieser sich trotz der Anweisung hierüber hinweggesetzt. Zudem entfällt bei einer Kontoschließung das Kontoführungsentgelt. Für die Kreditinstitute kann die Schließung des Gemeinschaftskontos zu einer Arbeitsverringerung führen, da die aufwendige Bearbeitung eines gepfändeten Kontos entfällt.

# 3 Verbot der Aufrechnung und Verrechnung – debitorische Pfändungsschutzkonten (§ 901 ZPO)

§ 901 ZPO enthält Regelungen darüber, wie mit Pfändungsschutzkonten umzugehen ist, die einen negativen Saldo aufweisen. Die Vorschrift ist insbesondere im Zusammenhang mit § 850k Abs. 1 Satz 3 ZPO zu lesen. § 850k Abs. 1 Satz 3 ZPO ordnet an, dass ein Pfändungsschutzkonto nur auf Guthabenbasis geführt werden darf. Welche Folgen an die Pflicht zur Führung eines Kontos auf Guthabenbasis geknüpft sind, dazu gibt § 901 ZPO nähere Auskunft.

Nach alter Rechtslage, vor Inkrafttreten des Pfändungsschutzkonto-Fortentwicklungsgesetzes, bestand beim Pfändungsschutzkonto lediglich für Gutschriften aufgrund von Geldleistungen nach dem Sozialgesetzbuch oder Kindergeld ein Aufrechnungs- und Verrechnungsschutz. Kreditinstitute durften für 14 Tage nur mit Forderungen aus Kontoführungsentgelten oder mit Forderungen aus Kontoverfügungen des Berechtigten innerhalb dieses Zeitraums aufrechnen oder verrechnen. Bis zur Höhe des danach verbleibenden Betrags war das Kreditinstitut innerhalb von 14 Tagen seit der Gutschrift nicht berechtigt, Kontoverfügungen wegen fehlender Deckung abzulehnen, wenn der Berechtigte nachwies oder es dem Kreditinstitut bekannt war, dass es sich um die Gutschrift einer Geldleistung nach dem Sozialgesetzbuch oder um Kindergeld handelte (§ 850 Abs. 6 ZPO a. F.). Zwar war auch dieser Auszahlungsanspruch pfändbar; wenn dem Kontoinhaber aber ein Pfändungsfreibetrag zur Verfügung stand, konnte er in Höhe dieses Betrages innerhalb von 14 Tagen hierüber verfügen. Dies galt sogar dann, wenn er – trotz der neuen Gutschrift – kein Guthaben auf dem Konto hatte.

Dieser Aufrechnungs- und Verrechnungsschutz bestand jedoch nur für Geldleistungen nach dem Sozialgesetzbuch und für Kindergeld und auch nur für 14 Tage ab Gutschrift. Guthaben aus anderen Quellen konnte bei debitorischen Konten mit den Forderungen der Bank oder Sparkasse aufgerechnet oder verrechnet werden. Praktisch bedeutete dies, dass der Kontoinhaber so lange keinen oder nur einen eingeschränkten Pfändungsschutz erlangen konnte, wie er sein Konto nicht kreditorisch – also nicht auf Guthabenbasis – geführt hat.

Das Pfändungsschutzkonto-Fortentwicklungsgesetz hat Regelungen eingeführt, die es dem Kontoinhaber ermöglichen, über seinen individuellen kalendermonatlichen Freibetrag auch dann zu verfügen, wenn er das Konto debitorisch führt. Die Herkunft des Guthabens spielt hierfür zukünftig keine Rolle mehr und auch nicht die 14-Tage-Frist.

## 3.1 Umwandlungsanspruch auch bei negativem Saldo

§ 850k Abs. 1 Satz 2 ZPO bestimmt nun ausdrücklich, dass ein Umwandlungsanspruch in ein Pfändungsschutzkonto auch dann besteht, wenn das Konto einen negativen Saldo aufweist. Die Vorschrift hat lediglich klarstellenden Charakter. Dieser Grundsatz war bereits vor Inkrafttreten des Pfändungsschutzkonto-Fortentwicklungsgesetzes anerkannt.

## 3.2 Kontoführung nur auf Guthabenbasis

Eine sehr weitreichende Neuerung im Rahmen des Pfändungsschutzkonto-Fortentwicklungsgesetzes enthält § 850k Abs. 1 Satz 3 ZPO, der anordnet, dass Pfändungsschutzkonten nur auf Guthabenbasis geführt werden dürfen. Die Bank oder Sparkasse darf ihre – aus der Überziehung des Kontos herrührenden Ansprüche – ab dem Umwandlungsverlangen in ein Pfändungsschutzkonto nicht mehr mit neuen auf das Konto eingehenden Gutschriften aufrechnen oder verrechnen. Die neuen Gutschriften müssen dem Kontoinhaber bis zur Höhe seines individuellen kalendermonatlichen Freibetrags zur Verfügung gestellt werden (§ 901 Abs. 1 ZPO). Dies bedeutet, dass ab dem Zeitpunkt, in dem der Kontoinhaber die Umwandlung in ein Pfändungsschutzkonto verlangt, das Konto (fiktiv) auf null gestellt werden muss, beispielsweise im Wege des sogenannten Zwei-Konten-Modells. Neu eingehendes Guthaben darf nicht den negativen Saldo verringern, sondern muss zu einem positiven Saldo führen.[1]

1 BT-Drucks. 19/19850 S. 30.

Hinsichtlich der Berechnung des Pfändungsfreibetrags ergeben sich keine Besonderheiten. Der Kontoinhaber erhält mit der Umwandlung des Kontos in ein Pfändungsschutzkonto einen Freibetrag in Höhe des Grundfreibetrags. Möchte er diesen erhöhen, muss er entsprechende Bescheinigungen vorlegen.

## 3.3 Zeitpunkt der Umstellung auf das kreditorische Kontomodell

Das Gebot, Pfändungsschutzkonten kreditorisch zu führen, gilt gemäß § 901 Abs. 1 ZPO bereits ab dem Zeitpunkt, in dem der Kontoinhaber die Umwandlung in ein Pfändungsschutzkonto verlangt. Eine Pfändung muss noch nicht vorliegen. Hierin liegt eine weitreichende Neuerung. Nach bisher geltender Rechtslage war ein Konto erst dann in die Pfändungsschutzkonto-Systematik zu überführen, wenn es als Pfändungsschutzkonto geführt wurde, Guthaben auswies und mit einer Pfändung belegt war. Jetzt greift die Pfändungsschutzkonto-Systematik bereits ab dem Zeitpunkt des Umwandlungsbegehrens.

Im Hinblick auf die klare Anweisung in § 850k Abs. 1 Satz 3 ZPO hat dies insbesondere zur Folge, dass auch nicht gepfändete Pfändungsschutzkonten stets kreditorisch geführt werden müssen. Wenn ein Kontoinhaber sein Konto rein vorsorglich in ein Pfändungsschutzkonto umwandeln lässt, so darf ihm zukünftig nicht mehr gewährt werden, sein Konto zu überziehen (vgl. § 850k Abs. 1 Satz 3 ZPO). Das Kreditinstitut ist – auch bei bester Bonität des Kontoinhabers – dazu verpflichtet, das Pfändungsschutzkonto auf Guthabenbasis zu führen. Vor diesem Hintergrund erscheint es ratsam, Kontoinhabern, die ihr Konto nur vorsorglich in ein Pfändungsschutzkonto umwandeln wollen und die gelegentlich ihr Konto überziehen, auf die hier beschriebene Folge aufmerksam zu machen.

§ 901 Abs. 1 ZPO ordnet an, dass der Aufrechnungs- und Verrechnungsschutz mit sofortiger Wirkung eintritt. Der Bank wird kein Umsetzungszeitraum zugebilligt. Damit soll ein größtmöglicher Schutz des Kontoinhabers erreicht werden.[1] „Es soll vermieden werden, dass Gutschriften, die in der Zeit zwischen seinem Verlangen, sein Zahlungskonto als P-Konto zu führen, und der tatsächlichen Ausführung dieses Verlangens erfolgen, verrechnet werden und damit nicht als Guthaben auf dem P-Konto zur

1 BT-Drucks. 19/19850 S. 37.

Verfügung stehen."[1] Dies hat zur Folge, dass Aufrechnungen oder Verrechnungen, die während der faktisch erforderlichen Umstellungsphase erfolgt sind, dem Kontoinhaber wieder gutgeschrieben werden müssen. Gleichwohl wird man den Instituten eine überschaubare technisch erforderliche Umsetzungsfrist – entsprechend § 850k Abs. 2 Satz 1 ZPO – einräumen müssen. Das bedeutet, dass der Aufrechnungs- und Verrechnungsschutz sofort greift, der Kontoinhaber gegebenenfalls aber erst ein paar Tage später (maximal vier Geschäftstage) über die Gutschriften verfügen kann.

Nach § 901 Abs. 2 Satz 1 ZPO gilt das Aufrechnungs- und Verrechnungsverbot nach § 901 Abs. 1 ZPO auch, sobald das Kreditinstitut Kenntnis von einer Pfändung erhält. Dies ist in der Regel spätestens dann der Fall, wenn dem Kreditinstitut ein Pfändungs- und Überweisungsbeschluss zugestellt wird. Nicht erforderlich ist, dass das Konto zu diesem Zeitpunkt als Pfändungsschutzkonto geführt wird. Das Aufrechnungs- und Verrechnungsverbot entfällt, wenn der Kontoinhaber nicht innerhalb des Zeitraumes nach § 899 Abs. 1 Satz 2 ZPO – also innerhalb eines Monats – die Umwandlung in ein Pfändungsschutzkonto verlangt. Die Monatsfrist, innerhalb der die Umwandlung in ein Pfändungsschutzkonto verlangt werden muss, beginnt mit der Zustellung des Überweisungsbeschlusses, wie sich aus dem Verweis auf § 899 Abs. 1 Satz 2 ZPO ergibt,[2] nicht mit der Zustellung des Pfändungsbeschlusses. In den allermeisten Fällen werden bei Kontopfändungen der Pfändungsbeschluss und der Überweisungsbeschluss gemeinsam zugestellt, weshalb diese Differenzierung in der Praxis keine Rolle spielen dürfte. Veranlasst der Kontoinhaber die Umwandlung seines Kontos in ein Pfändungsschutzkonto nicht innerhalb des Monatszeitraums, so entfällt das Aufrechnungs- und Verrechnungsverbot für die Zukunft. D.h. dass keine in die Vergangenheit reichenden Rückabwicklungen stattfinden müssen. Eine Aufrechnung oder Verrechnung mit Forderungen des Kreditinstituts ist dann wieder möglich.

1 BT-Drucks. 19/19850 S. 37.
2 BT-Drucks. 19/19850 S. 37.

## 3.4 Umgang mit negativem Saldo auf umzuwandelndem Konto – Zwei-Konten-Modell

Aufgrund der oben beschriebenen Pflicht, das Pfändungsschutzkonto auf Guthabenbasis führen zu müssen, stellt sich die Frage, was mit dem negativen Saldo des Kontos geschehen soll.

Das Pfändungsschutzkonto-Fortentwicklungsgesetz gibt keine bestimmte technische Umsetzung vor, sondern überlässt es den Instituten, Lösungen für die Pflicht zur Führung der Pfändungsschutzkonten auf Guthabenbasis zu finden.[1] Die Begründung des Regierungsentwurfs greift jedoch ausdrücklich das sogenannte Zwei-Konten-Modell auf.[2] Hiernach wird der negative Saldo des Kontos bei seiner Umwandlung in ein Pfändungsschutzkonto auf ein anderes Konto ausgebucht. Dies eröffnet die Möglichkeit, das Konto, das von nun an als Pfändungsschutzkonto geführt wird, wieder kreditorisch zu führen, während der debitorische Betrag auf ein anderes Konto gebucht wird.

Bei dem Konto, auf das der negative Saldo ausgebucht wird, muss es sich nicht um ein Zahlungsverkehrskonto handeln, sondern es kann auch ein Darlehenskonto sein. Ausreichend ist aber auch eine rein buchhalterische Rechnungsposition, in die der negative Saldo übertragen wird. Der Kontoinhaber muss keine Verfügungsbefugnis über das Zweitkonto haben.

Für den Kontoinhaber dürfen sich über die Ausbuchung hinaus keine Änderungen ergeben (§ 850k Abs. 2 Satz 2 ZPO). Seine Kontonummer, Kontoführungsentgelte usw. müssen identisch bleiben. Wird im Wege des Zwei-Konten-Modells ein zweites Zahlungskonto für den Kontoinhaber angelegt, auf das der negative Saldo ausgebucht wird, über das der Kontoinhaber weiterhin verfügen kann und für das ein entsprechendes Kontoführungsentgelt erhoben wird, so bedarf es dazu einer ausdrücklichen Vereinbarung.

Die Behandlung des ausgebuchten Sollsaldos, insbesondere seine Verzinsung und Rückführung, richtet sich nach der Vereinbarung der Vertragsparteien. Der Sollsaldo basiert darauf, dass der Kontoinhaber – vor der Umwandlung in ein Pfändungsschutzkonto – einen Überziehungskredit

1 BT-Drucks. 19/19850 S. 30.

2 BT-Drucks. 19/19850 S. 30.

in Anspruch genommen hat. An der Inanspruchnahme dieses Kredits ändert sich auch durch die Umwandlung des Kontos in ein Pfändungsschutzkonto und die eventuelle Ausbuchung des Kredits nichts.

Das Gesetz ordnet auch keine wechselseitige Beziehung zwischen dem kreditorischen Pfändungsschutzkonto und dem eventuellen debitorischen Zweitkonto an. Bei einer Gutschrift auf dem Pfändungsschutzkonto muss der Sollsaldo auf dem Zweitkonto, der die Grundlage für die Zinsberechnung bildet, auch nicht anteilig reduziert werden. Der ausgebuchte Betrag ist daher kein „atmender Deckel", der von Gutschriften des Pfändungsschutzkontos abhängig ist. Durch die Gutschrift erhält der Kontoinhaber bis zur Erreichung seines individuellen kalendermonatlichen Freibetrags eine Verfügungsbefugnis über diese. Darüber hinaus hat er aus dem Überziehungskredit ein weiteres Kapitalnutzungsrecht, das verzinst werden kann. Der Kontoinhaber erhält durch die Gutschrift und das korrespondierende Aufrechnungs- und Verrechnungsverbot auf seinem Pfändungsschutzkonto eine zusätzliche Erweiterung seines finanziellen Handlungsspielraums. Kontoinhaber und Institut können aber vereinbaren, dass das Guthaben auf dem Pfändungsschutzkonto zur Tilgung des Sollsaldos auf dem Zweitkonto genutzt wird. In diesem Fall handelt es sich nicht um eine „Verrechnung", sondern die Erfüllung einer vertraglichen Vereinbarung.

## 3.5 Umgang mit vereinbarten Belastungsbuchungen

Zu betrachten ist, worauf sich das in § 901 ZPO geregelte Aufrechnungs- und Verrechnungsverbot bezieht. So ist nicht jedwede Belastungsbuchung zugunsten des Instituts verboten. Zu differenzieren ist, ob eine vertragliche Vereinbarung für diese Belastungsbuchung existiert, bspw. bei Kontoführungs- und sonstigen Entgelten, Tilgungsraten aus einem Darlehensvertrag oder einer Kreditkartennutzung.

Ansprüche, die auf einer Vereinbarung beruhen, sind von dem Aufrechnungs- und Verrechnungsverbot nicht erfasst. Das Kreditinstitut darf also weiterhin das Konto des Kontoinhabers entsprechend belasten. Dies ergibt sich aus dem Sinn und Zweck der Vorschrift: Das Aufrechnungs- und Verrechnungsverbot möchte dem Kontoinhaber nach der Umwandlung des Kontos in ein Pfändungsschutzkonto die faktische Verfügungsbefugnis über neu eingehendes Guthaben erhalten. Wenn das Kreditinstitut das neu eingehende Guthaben direkt einseitig mit eigenen Ansprüchen aus der Kontoüberziehung aufrechnen würde, wäre dem Kontoinhaber von vornherein jede Dispositionsbefugnis hierüber genommen. Anders stellt sich die Situation im Fall der Einziehung von Tilgungsraten, z. B. aufgrund eines Darlehensvertrags, dar. Hierbei handelt es sich um vom Kontoinhaber disponierte Verfügungen, und die Einziehung geht auf einen autonomen Willensakt des Kontoinhabers zurück. Die Situation ist vergleichbar mit vertraglichen Drittvereinbarungen, bspw. wenn der Kontoinhaber einen Mobilfunkvertrag abschließt und die hierfür anfallenden monatlichen Kosten von seinem Konto abgebucht werden. Diese Vorgehensweise ist zudem im Interesse des Kontoinhabers, der mit der Umwandlung des Kontos in ein Pfändungsschutzkonto in der Regel nicht beabsichtigt, dass sämtliche Vertragsbeziehungen zu seiner Bank eingefroren werden.

## 3.6 Vorgehen bei Bagatellfällen

Ist das Konto von Pfändungsschutzkontoinhabern gepfändet, steht diesen monatlich nur der individuelle kalendermonatliche Freibetrag zur Verfügung. Aufgrund dieser begrenzten finanziellen Möglichkeiten kann es dazu kommen, dass gerade am Ende des Monats nur noch ein geringes oder gar kein Guthaben mehr auf dem Konto zur Verfügung steht. Gleichzeitig halten sich nicht immer alle pfändenden Gläubiger an die korrekten Fälligkeitszeitpunkte. Gerade wenn Gläubiger Kenntnis von der mangelnden Liquidität der Schuldner haben, besteht für sie ein Anreiz, möglichst frühzeitig die eigenen Forderungen geltend zu machen, um sicherzustellen, dass diese auch tatsächlich befriedigt werden.

Um zu verhindern, dass jede geringfügige Unterschreitung des Guthabens des Kontoinhabers direkt zu einer Rückbuchung oder Rücklastschrift führt, ist daher denkbar, in gewissen Bagatellfällen von dem Überziehungsverbot eine Ausnahme zu machen. Weiß das Kreditinstitut z. B., dass die Miete für den kommenden Monat immer schon am Monatsende des Vormonats eingezogen wird und der Kontoinhaber seine Sozialleistung aber erst am darauffolgenden Monatsanfang erhält, so wäre denkbar, eine kurzzeitige Kontoüberziehung zuzulassen. Für eine solche Vorgehensweise sprächen Sinn und Zweck der Vorschrift: § 901 ZPO möchte dem Kontoinhaber seinen finanziellen Handlungsspielraum erhalten, indem das Kreditinstitut das neu eingegangene Guthaben nicht mit eigenen Ansprüchen aus der Kontoüberziehung aufrechnet oder verrechnet. Dieser Zweck würde aber unterlaufen, wenn grundsätzlich jede Überschreitung im Bagatellbereich unzulässig wäre. De facto würde der

Kontoinhaber dann schlechter gestellt, da er nicht nur Mehraufwand und potenziell Probleme mit seinen Vertragspartnern (z. B. Vermieter, Versicherung, Energieversorger) hätte, sondern gegebenenfalls auch die durch die Rückbuchungen entstandenen Kosten tragen müsste. Das Ziel des § 901 ZPO, dem Schuldner im Rahmen seines individuellen kalendermonatlichen Freibetrags einen möglichst weitreichenden finanziellen Handlungsfreiraum zu verschaffen, würde dann unterlaufen.

Daher erscheint es denkbar, Bagatellfälle zuzulassen. Für einen solchen Bagatellfall wäre von engen Grenzen auszugehen und sowohl ein Zeitmoment als auch ein Umstandsmoment zu betrachten. Hinsichtlich des Zeitmomentes sollte in der Regel ein Zeitraum von wenigen Bankarbeitstagen nicht überschritten werden. Das Umstandsmoment sollte mehrere Aspekte berücksichtigen. Relevant dürfte insbesondere die Höhe des Betrags sein: Je niedriger der Betrag ist, der zu einem kurzzeitigen negativen Saldo führt, desto eher würde man eine entsprechende Überziehung dulden können. Hinzukommen könnten weitere Aspekte, beispielsweise dass bestimmte Gläubiger ihre Abbuchungen vorziehen (etwa ein Vermieter, der die Miete immer wieder zu früh einzieht).

Ob sich eine solche Bagatellregelung in der Praxis durchsetzen wird, bleibt abzuwarten und obliegt der jeweiligen Entscheidung der Institute. Diese sind nicht zu einer solchen Handhabung verpflichtet.

# 4 Berechnung der Höhe des Pfändungsfreibetrags

## 4.1 Pauschaler Grundfreibetrag

Ausgangspunkt für die Berechnung der Höhe des monatlichen Pfändungsfreibetrags ist immer der jeweilige Grundfreibetrag (§ 899 Abs. 1 Satz 1 1. Halbs. ZPO). Dieser ist für alle Personen gleich, unabhängig von den persönlichen Lebensumständen des Kontoinhabers.

Der letztendliche Freibetrag, über den der Kontoinhaber im Laufe eines Monats verfügen kann, berechnet sich aus dem Grundfreibetrag und eventuellen Erhöhungsbeträgen (zu den Erhöhungsbeträgen siehe Abschnitt 4.2). Der Grundfreibetrag ergibt sich aus § 850c Abs. 1 i. V. m. Abs. 4 ZPO i. V. m. der jährlich zum 1. Juli veröffentlichten Pfändungsfreigrenzenbekanntmachung des Bundesministeriums der Justiz und für Verbraucherschutz.[1] Zwischen dem 1. Juli 2021 und dem 1. Juli 2022 beträgt der Grundfreibetrag 1.252,64 EUR.[2] Dieser ist gemäß § 899 Abs. 1 Satz 1 1. Halbs. ZPO für das Pfändungsschutzkonto auf den vollen 10-Euro-Betrag zu runden, weshalb sich für den genannten Zeitraum ein Grundfreibetrag von 1.260,00 Euro ergibt.

Solange keine Pfändung des Guthabens auf dem Konto erfolgt ist, kann der Kontoinhaber unabhängig vom Freibetrag ohne gesetzliche Beschränkung über sein Guthaben auf dem Pfändungsschutzkonto verfügen. Die besonderen Wirkungen des Pfändungsschutzkontos (etwa die Freibeträge) entstehen grundsätzlich erst mit der Zustellung eines Pfändungs- und Überweisungsbeschlusses.

---

1 Abrufbar unter: https://www.bmjv.de/DE/Themen/FinanzenUndAnlegerschutz/ZwangsvollstreckungPfaendungsschutz/Pfaendungsfreigrenzen.html.

2 Bundesgesetzblatt Jahrgang 2021 Teil I Nr. 24 S. 1099.

Der Inhaber eines Pfändungsschutzkontos kann diesen pauschalen Freibetrag jedoch nur in Anspruch nehmen, wenn entsprechendes Guthaben auf dem Konto vorhanden ist.

Unbeachtlich ist, woher das Guthaben auf dem Pfändungsschutzkonto stammt (Arbeitslohn, Sozialleistung, Kindergeld u. s. w.). Die Institute müssen keine „Umsatzkontrolle" durchführen. Das bedeutet auch, dass Gelder für Dritte, die auf ein Pfändungsschutzkonto gelangen, im Rahmen des pauschalierten Pfändungsschutzes an den Kontoinhaber ausgezahlt werden können und – soweit sie den Pfändungsfreibetrag übersteigen – an den Pfändungsgläubiger ausgezahlt werden müssen. Auch insoweit trifft die Institute keine Überprüfungspflicht.

## 4.2 Erhöhungsbeträge

Der pauschale Grundfreibetrag erhöht sich nach Maßgabe des § 902 ZPO. Diese Beträge werden Erhöhungsbeträge genannt. Die Kreditinstitute dürfen sie nur dann und nur in dem Umfang berücksichtigen, wie für sie Nachweise gemäß § 903 Abs. 1 Satz 2 ZPO erbracht worden sind (siehe Kapitel 5 „Bescheinigungen zur Erhöhung des Pfändungsfreibetrags").[1]

Die Vorschriften zu den Erhöhungsbeträgen wurden mit der Reform im Rahmen des Pfändungsschutzkonto-Fortentwicklungsgesetzes neu geordnet und teilweise ergänzt. Im Einzelnen ergibt sich Folgendes:

- § 902 Nr. 1a) ZPO: Dieser Tatbestand entspricht § 850k Abs. 2 Nr. 1a) ZPO a. F. Im Vergleich zur alten Fassung ergeben sich keine Veränderungen.
- § 902 Nr. 1b) ZPO: Dieser Tatbestand entspricht § 850k Abs. 2 Nr. 1b) ZPO a. F. (§ 27 SGB zwölf). Es ergibt sich keine Veränderung zur vorherigen Rechtslage.
- § 902 Nr. 1c) ZPO: Dieser Tatbestand wurde neu eingeführt.
- § 902 Nr. 2 ZPO: Diese Vorschrift entspricht § 850k Abs. 2 Nr. 2 ZPO a. F. Es wurden lediglich die Wörter „einmalige Geldleistung" gestrichen, was aber keine praktischen Auswirkungen hat.

1 BT-Drucks. 19/19850, S. 39.

- ▷ § 902 Nr. 3 ZPO: Dieser Tatbestand ist neu eingeführt worden. Nach alter Rechtslage war in diesem Fall ein Pfändungsschutz nur unter Einschaltung eines Vollstreckungsgerichts möglich.
- ▷ § 902 Nr. 4 ZPO: Dieser Erhöhungsbetrag wurde neu eingeführt, da § 902 Nr. 1b) ZPO / § 850k Abs. 2 Nr. 1b) ZPO a.F. lediglich Leistungen erfasste, die der Schuldner für Dritte entgegennimmt. Der Betrag ist nur insoweit pfändungsfrei, wie er den Betrag aus § 899 Abs. 1 Satz 1 ZPO übersteigt.
- ▷ § 902 Nr. 5 ZPO: Dieser Tatbestand entspricht § 850k Abs. 2 Nr. 3 ZPO a.F. Hintergrund für die Einfügung des Wortes „gesetzlich" in § 902 Satz 1 Nr. 5 ZPO n.F. ist, dass nicht Geldleistungen als Erhöhungsbetrag geschützt werden sollen, die nicht auf einer gesetzlichen Grundlage gewährt werden. Damit soll der Schutz im Rahmen des § 902 ZPO n.F. z.B. nicht auf Geldleistungen anwendbar sein, die als Schenkung gewährt werden. Insoweit soll die Neuregelung mit der Einfügung des Wortes „gesetzliche" eine Klarstellung bewirken.
- ▷ § 902 Nr. 6 ZPO: Auch diese Vorschrift ist neu eingeführt worden.

## 4.3 Unterhaltsverpflichtungen des Kontoinhabers (§ 902 Abs. 1 Nr. 1 lit. a ZPO)

Der Pfändungsfreibetrag wird um die Erhöhungsbeträge nach § 850c Abs. 2 i.V.m. Abs. 4 ZPO i.V.m. der Pfändungsfreigrenzenbekanntmachung erhöht, wenn der Schuldner einer oder mehreren Personen aufgrund gesetzlicher Verpflichtung Unterhalt gewährt (§ 902 Abs. 1 Nr. 1 lit. a ZPO) und durch eine Bescheinigung nachweist, dass das Guthaben nicht von der Pfändung erfasst ist (§ 903 Abs. 1 Satz 1 ZPO). Das Kreditinstitut soll die Erhöhung der Freibeträge nur berücksichtigen, wenn durch die Vorlage einer entsprechenden Bescheinigung offensichtlich ist, dass der Schuldner anderen Personen aufgrund gesetzlicher Verpflichtung Unterhalt gewährt.[1]

1 Siehe für die alte Rechtslage, die jedoch weiterhin Gültigkeit hat: BT-Drucks. 16/7615, S. 19.

### 4.3.1 Gesetzliche Unterhaltsverpflichtung

Eine gesetzliche Verpflichtung zur Unterhaltszahlung kann gegenüber folgenden Personen bestehen:

- ▷ Ehegatte (§§ 1360, 1360a, 1361 BGB),
- ▷ früherer Ehegatte (§§ 1569 ff. BGB, §§ 26 Abs. 1, 37 Abs. 1, 39 Abs. 2 EheG),
- ▷ Mutter eines nichtehelichen Kindes (§§ 1615 l, 1615n BGB),
- ▷ Lebenspartner i. S. d. Gesetzes über die eingetragene Lebenspartnerschaft (LPartG),
- ▷ früherer Lebenspartner i. S. d. LPartG,
- ▷ Verwandter in gerader Linie (Kind, Enkel, Eltern, Großeltern, Adoptivkind, nicht aber Geschwister),
- ▷ Adoptivkind (§ 1754 BGB).

### 4.3.2 Keine Prüfung der Erfüllung der Unterhaltsverpflichtungen

Die Kreditinstitute prüfen ihrerseits nicht, ob Unterhalt auch tatsächlich gewährt wird. Dies ist ihnen in praktischer Hinsicht weder möglich noch wegen der damit verbundenen Verletzung der Privatsphäre des Kontoinhabers zulässig und vom Gesetzgeber auch nicht gefordert. Die Erfüllung der gesetzlichen Unterhaltsverpflichtungen als Voraussetzung für die Erhöhung des Pfändungsfreibetrags ist vielmehr vom Kontoinhaber durch die Bescheinigung einer im Gesetz genannten Stelle nachzuweisen. Eine gesetzliche Unterhaltsverpflichtung kann durch Zahlung von Geld oder durch Naturalleistung (Gewährung von Unterkunft, Speis und Trank sowie sonstigem Lebensbedarf) erfüllt werden.

## 4.3.3 Bescheinigung

Der Nachweis über die Erhöhungsbeträge muss geführt werden durch die Bescheinigung

- der Familienkasse,
- des Sozialleistungsträgers bzw. einer mit der Gewährung von Geldleistungen im Sinne von § 902 ZPO befassten Einrichtung,
- des Arbeitgebers oder
- einer geeigneten Person oder Stelle im Sinne von § 305 Abs. 1 Nr. 1 InsO.

Nach der alten Rechtslage hat sich in der Praxis bei der Erhöhung des Pfändungsfreibetrags wegen der Gewährung von Unterhaltsleistungen häufig das Problem gestellt, dass der Kontoinhaber keine geeignete Person oder Stelle gefunden hat, die ihm bescheinigte, dass er „aufgrund gesetzlicher Verpflichtung Unterhalt leistet“. Kreditinstitute, die in Kenntnis der persönlichen Verhältnisse des Kontoinhabers den Freibetrag erhöht haben, weil der Kontoinhaber mit den unterhaltsberechtigten Personen (Ehegatte, Kinder) in einem Haushalt lebt und so jedenfalls anzunehmen ist, dass er den Unterhalt durch Naturalleistungen (Unterkunft, Verpflegung etc.) erbringt, berichten gelegentlich von Schwierigkeiten mit Gläubigern, die eine Erhöhung der Pfändungsfreibeträge aus formalen Gründen beanstanden, weil keine gesetzlich vorgeschriebene Bescheinigung vorliegt.

Zwar kann das Kreditinstitut als Drittschuldner nicht beliebig gepfändetes Guthaben der Pfändung entziehen, indem es den Pfändungsfreibetrag auf dem Pfändungsschutzkonto zugunsten des Kontoinhabers erhöht, jedoch erscheint es zulässig, den Pfändungsfreibetrag wegen der Erfüllung gesetzlicher Unterhaltsverpflichtungen zu erhöhen, wenn durch eine geeignete Bescheinigung einer im Gesetz dazu als geeignet bezeichneten Person oder Stelle die gesetzliche Unterhaltspflicht festgestellt worden ist und das Kreditinstitut zudem aufgrund der eigenen Kenntnisse der Lebensumstände des Kontoinhabers davon überzeugt ist, dass die gesetzlichen Unterhaltsverpflichtungen auch erfüllt werden. Das ist insbesondere der Fall, wenn die Unterhaltsberechtigten mit dem Kontoinhaber in einem Haushalt leben.[1] Das Kreditinstitut ist zwar nicht

1 Nach einem Urteil des Bundesarbeitsgerichts (BAG, Urt. v. 28.08.2013 – 10 AZR 323/12) ist für die Berechnung des pfändungsfreien Arbeitseinkommens bei Ehegatten, die in häus-

verpflichtet, den Kontoinhaber über den nach § 902 Nr. 1a) ZPO wegen Unterhaltsgewährung aufgrund gesetzlicher Verpflichtung nicht von der Pfändung erfassten Betrag verfügen zu lassen, aber es ist dazu berechtigt. Für die Pfändungsfreiheit nach § 902 ZPO kommt es auf das Vorliegen einer Bescheinigung nicht an. Für diese Sichtweise spricht auch der Wortlaut des § 903 Abs. 1 Satz 1 ZPO, der besagt, dass dem Kreditinstitut die Pfändungsfreiheit des Betrags nachgewiesen werden muss. Die Norm geht also grundsätzlich davon aus, dass der Betrag in den Fällen des § 902 ZPO pfändungsfrei ist und zwar unabhängig von der Vorlage von Bescheinigungen. Diese sollen lediglich dem Nachweis dienen. Um ein geordnetes und für die Institute praktikables Nachweisverfahren vorzuzeichnen, werden die Bescheinigungen und die zuständigen Personen oder Stellen aufgeführt.

Ist das Kreditinstitut also sicher, dass die Voraussetzungen für die Erhöhung des Pfändungsfreibetrags vorliegen, kann es eine Erhöhung vornehmen, auch wenn die Bescheinigung nicht alle Voraussetzungen für die Erhöhung bescheinigt. Ist das Kreditinstitut hingegen wegen fehlender oder unvollständiger Bescheinigungen unsicher, ob die Voraussetzungen für eine Erhöhung vorliegen, wird es zur Meidung eigener Haftung den Kontoinhaber an das Vollstreckungsgericht verweisen, damit dieser dort einen Antrag auf Festsetzung des Pfändungsfreibetrags nach § 905 Satz 1 ZPO stellen kann. Ein gerichtlicher Beschluss war in der Vergangenheit jedoch gelegentlich nicht leicht zu erlangen, weil manche Gerichte Anforderungen stellten, die im Gesetz nicht vorgesehen sind.[1] Nun ist in § 905 ZPO geregelt, wann das Gericht den Betrag auf Antrag festzusetzen hat und welche Glaubhaftmachung dem Antrag zu unterlegen ist.

§ 903 Abs. 3 Satz 3 i. V. m. Abs. 1 Satz 2 Nr. 1 ZPO verpflichtet die Familienkasse, den Sozialleistungsträger oder eine mit der Gewährung von Geldleistungen im Sinne des § 902 Satz 1 ZPO befasste Einrichtung dazu, die Anzahl der Personen, denen der Schuldner auf Grund gesetzlicher Verpflichtung Unterhalt gewährt, und das Geburtsdatum der minderjährigen unterhaltsberechtigten Personen zu bescheinigen. Dies gilt jedoch nur, soweit die genannten Stellen Kenntnis hiervon haben. Eine solche Kenntnis könnte sich aus dem Verwaltungsverfahren oder aus beigebrachten Unterlagen des Schuldners ergeben.[2] Die Vorschrift zielt damit auf die

---

licher Gemeinschaft leben, grundsätzlich davon auszugehen, dass sie sich Unterhalt gewähren. Diese Annahme kann erst Recht bei Kindern im Haushalt des Kontoinhabers zugrunde gelegt werden, soweit eine gesetzliche Unterhaltspflicht besteht.

1 Siehe zu diesem Problem auch Kapitel 5, Abschnitt 5.5 „Bestimmung des Pfändungsfreibetrags durch das Vollstreckungsgericht“.

2 BT-Drucks. 19/19850, S. 40.

Beseitigung der oben beschriebenen Problematik, die durch fehlende Nachweise entstehen kann. Inwiefern sie tatsächlich zu einer Verbesserung beitragen kann, wird die Praxis zeigen. Die Bedingung, Kenntnis von den zu bescheinigenden Informationen haben zu müssen, könnte möglicherweise zu einer Praxis führen, das Ausstellen der Bescheinigungen vorschnell abzulehnen.

Eine Bescheinigung über den Bezug von Kindergeld genügt nicht, um den Freibetrag wegen der Erfüllung einer gesetzlichen Unterhaltsleistung zu erhöhen. Beide Tatbestände sind zu unterscheiden und müssen jeweils ausdrücklich bescheinigt werden, wenn auf ihrer Grundlage der Pfändungsfreibetrag erhöht werden soll. Angaben in der Lohnsteuerkarte zur Steuerklasse genügen ebenfalls nicht, und zwar schon deswegen nicht, weil das Finanzamt keine „geeignete Person oder Stelle" im Sinne des § 305 Abs. 1 Nr. 1 InsO ist. Dasselbe gilt für Heirats- und Geburtsurkunden, die das Standesamt ausstellt. Eine Bescheinigung des Arbeitgebers – etwa in Form einer Gehaltsabrechnung – wäre hingegen ausreichend.

Liegen für beide Eltern Bescheinigungen über die Erfüllung gesetzlicher Unterhaltspflichten vor, ist auf beiden Pfändungsschutzkonten der Freibetrag zu erhöhen, auch wenn sich die Unterhaltspflichten jeweils auf dieselben Kinder beziehen (siehe dazu ausführlich unten Abschnitt 4.10 „Kindergeld oder andere Geldleistungen für Kinder (§ 902 Nr. 5 ZPO)").

### 4.3.4 Höhe der Pfändungsfreibeträge

Wegen Unterhaltsverpflichtungen des Kontoinhabers kommt eine Erhöhung des Freibetrags auf dem Pfändungsschutzkonto nur in Bezug auf die in § 850c Abs. 2 i. V. m. Abs. 4 ZPO genannten Beträge in der Höhe der vom Bundesministerium der Justiz und für Verbraucherschutz in der im Bundesgesetzblatt aktuell jährlich neu bekanntgemachten Pfändungsfreigrenzen in Betracht. Die Höhe des tatsächlich geleisteten Unterhalts ist somit für die Bestimmung des Pfändungsfreibetrags auf dem Pfändungsschutzkonto unerheblich. Bescheinigungen, die dem Kontoinhaber – etwa bei getrennt lebenden Eltern – einen halben Unterhaltsfreibetrag bescheinigen, sind unzulässig und daher vom Kreditinstitut zurückzuweisen. Für die Erhöhung des Pfändungsfreibetrags auf einem Pfändungsschutzkonto kommt es nur auf den Umstand an, ob aufgrund gesetzlicher Verpflichtung Unterhalt geleistet wird. Ist das der Fall, dann wird der Pfändungsfreibetrag auf dem Pfändungsschutzkonto um die gesetzlich vorgesehenen Beträge (siehe unten Abschnitt 4.2) erhöht. Ist das nicht der Fall, so kommt eine Erhöhung des Pfändungsfreibetrags nicht in Betracht. Auch die Höhe des Einkommens des Schuldners ist unerheblich: Der Mehrfreibetrag nach § 850c Abs. 3 ZPO bleibt außer Betracht und darf nicht durch das Kreditinstitut, sondern nur durch das Vollstreckungsgericht (§ 906 Abs. 2 ZPO) festgestellt werden.

Die maßgeblichen Freibeträge werden jeweils zum 1. Juli eines jeden Jahres geprüft. Vom 1. Juli 2021 bis zum 1. Juli 2022 gilt ein Grundfreibetrag in Höhe von 1.252,64 Euro.[1]

- ▷ **1.252,64 EUR** monatlich Grundfreibetrag und gegebenenfalls zusätzlich
- ▷ **471,44 EUR** monatlich für die erste Person, der Unterhalt gewährt wird,
- ▷ **262,65 EUR** monatlich jeweils für die zweite bis fünfte Person, der Unterhalt gewährt wird,
- ▷ **0,00 EUR** für die sechste und jede weitere Person, der Unterhalt gewährt wird.

## 4.4 Geldleistungen für in Bedarfsgemeinschaft lebende Personen (§ 902 Nr. 1 lit. b ZPO)

### 4.4.1 Bescheinigungen[2]

Der monatliche Pfändungsfreibetrag wird erhöht, wenn der Kontoinhaber für mit ihm in Gemeinschaft lebenden Personen Sozialleistungen erhält. Eine Berücksichtigung solcher Geldleistungen ist nur aufgrund von Bescheinigungen möglich. Im Fall des § 902 Nr. 1 lit. b ZPO kommt als Bescheinigung in der Regel der Bewilligungsbescheid des Sozialleistungsträgers selbst in Betracht.[3] Die Anforderungen an eine Bescheinigung nach § 903 ZPO müssen jedoch erfüllt sein. Darüber hinaus besteht aus § 903 Abs. 3 Satz 1 ZPO gegenüber den dort genannten Stellen ein Anspruch

1 Bundesgesetzblatt Jahrgang 2021 Teil I Nr. 24 S. 1099.

2 Nähere Einzelheiten siehe: Kapitel 5 „Bescheinigungen zur Erhöhung des Pfändungsfreibetrags“.

3 Ein Beispiel für eine solche Bescheinigung enthält Anhang 4.

auf Ausstellung einer Bescheinigung.[1] Auch die in Erfüllung dieses Anspruchs herausgegebenen Dokumente sind Bescheinigungen und führen zu einer Erhöhung des Pfändungsfreibetrags.

Befristete Bescheinigungen über Geldleistungen für in Bedarfsgemeinschaft lebende Personen können auch befristet sein und sind dann nur für die Dauer zu beachten, für die sie ausgestellt sind (§ 903 Abs. 2 Satz 1 ZPO). Bei der Erhöhung des Pfändungsfreibetrags ist daher darauf zu achten, dass der erhöhte Freibetrag – vorbehaltlich der Vorlage einer neuen Bescheinigung – nicht über den Monat der Befristung hinaus berücksichtigt wird.

## 4.4.2 Höhe der Pfändungsfreibeträge

Das Kreditinstitut hat dabei nicht die konkret bewilligten Beträge zu berücksichtigen, sondern die sich aus dem Gesetz ergebenden pauschalen Pfändungsfreibeträge, die auch für den Fall der Erfüllung gesetzlicher Unterhaltsverpflichtungen durch den Kontoinhaber gelten. Nach § 902 Nr. 1 ZPO werden nur die pfändungsfreien Beträge nach § 850c Abs. 2 i. V. m. Abs. 4 ZPO nicht von der Pfändung des Guthabens auf einem Pfändungsschutzkonto erfasst. Damit hat der Gesetzgeber also unabhängig von der Höhe des tatsächlich gewährten Unterhalts oder der tatsächlich entgegengenommenen (und durch Bescheinigung nachgewiesenen) Sozialleistungen für eine in einer Bedarfsgemeinschaft lebende Person pauschale Freibeträge festgesetzt.[2] Sollte der Kontoinhaber für eine mit ihm in einer Bedarfsgemeinschaft lebende Person eine höhere Sozialleistung als den pfändungsfreien Pauschalbetrag erhalten, so kann das Kreditinstitut diese nicht aufgrund einer Bescheinigung, sondern nur aufgrund eines gerichtlichen Beschlusses (§ 906 Abs. 2 ZPO) berücksichtigten.

Bescheinigungen über den Empfang von Kindergeld sind gesondert zu berücksichtigen. Beim Kindergeld handelt es sich nicht um eine Sozialleistung für eine mit dem Kontoinhaber in Bedarfsgemeinschaft lebende Person. Wenn also sowohl Kindergeld als auch die vorgenannte Sozialleistung für das Kind gewährt werden, so ist der Pfändungsfreibetrag zweimal zu erhöhen, nämlich einmal pauschal wegen der Sozialleistung und zum anderen um den konkreten Betrag des gezahlten Kindergeldes.[3]

1 Für nähere Einzelheiten siehe Kapitel 5, Abschnitt 5.2 „Aussteller der Bescheinigungen".

2 Zur Höhe der Beträge siehe oben Abschnitt 4.3.4 „Höhe der Pfändungsfreibeträge".

3 Siehe dazu unten Abschnitt 4.10 „Kindergeld oder andere Geldleistungen für Kinder (§ 902 Nr. 5 ZPO)".

### 4.4.3 Ausschluss der Erhöhung wegen Sozialleistungsempfangs für eine in Bedarfsgemeinschaft lebende Person

Eine Erhöhung des Pfändungsfreibetrags kommt dann nicht in Betracht, wenn der Kontoinhaber Sozialleistungen für eine mit ihm in Bedarfsgemeinschaft lebende Person entgegennimmt, der er gleichzeitig aufgrund gesetzlicher Verpflichtung zum Unterhalt verpflichtet ist. In diesem Falle wird die Sozialleistung gerade zu dem Zweck bewilligt, dass der Kontoinhaber seiner Unterhaltsverpflichtung nachkommen kann. Daher wäre es nicht gerechtfertigt, wenn sein Pfändungsfreibetrag doppelt erhöht werden würde.

Für die Bankpraxis bedeutet dies aber nicht, dass das Kreditinstitut nach der Vorlage eines Sozialhilfebewilligungsbescheids weitere Nachforschungen anstellen muss, ob der Kontoinhaber der Person, mit der er in einer Bedarfsgemeinschaft lebt und für die er die Sozialleistung erhält, auch gesetzlich zum Unterhalt verpflichtet ist. Das Kreditinstitut hat lediglich darauf zu achten, dass es den Freibetrag nicht doppelt erhöht, nämlich einmal aufgrund einer Bescheinigung, dass der Kontoinhaber einer Person gesetzlichen Unterhalt leistet, und ein weiteres Mal aufgrund einer Bescheinigung, dass er für dieselbe Person Sozialleistung erhält.

Die Pfändungsfreibeträge für den Empfang der Sozialleistung für eine mit dem Kontoinhaber in einer Bedarfsgemeinschaft lebende Person und für die Gewährung von Unterhalt aufgrund gesetzlicher Verpflichtung unterscheiden sich der Höhe nach nicht. Daher führt die Gewährung eines erhöhten Pfändungsfreibetrags aufgrund der Entgegennahme von Sozialleistungen zum gleichen Pfändungsfreibetrag wie die Gewährung eines erhöhten Pfändungsfreibetrags aufgrund der Erfüllung einer gesetzlichen Unterhaltsverpflichtung. Wenn der Kontoinhaber eine Sozialleistungsbewilligung vorlegt und das Kreditinstitut daraufhin den Pfändungsfreibetrag erhöht, obwohl eine gesetzliche Unterhaltsverpflichtung besteht, was dem Kreditinstitut aber nicht bekannt ist, ist zwar die Erhöhung des Freibetrags wegen der Sozialleistung unzutreffend, aber der Freibetrag hätte dann um denselben Betrag erhöht werden müssen, weil eine gesetzliche Unterhaltsverpflichtung erfüllt wird. Wirtschaftlich führt das für den Schuldner (Kontoinhaber), den Gläubiger und das Kreditinstitut zum gleichen Ergebnis.

## 4.5 Geldleistungen nach dem Asylbewerberleistungsgesetz für Personen, mit denen man in einem gemeinsamen Haushalt lebt (§ 902 Nr. 1 lit. c ZPO)

§ 902 Nr. 1 lit. c ZPO definiert als Erhöhungsbetrag Geldleistungen, die der Schuldner nach dem Asylbewerberleistungsgesetz für Personen entgegennimmt, mit denen er einen gemeinsamen Haushalt führt und denen er nicht aufgrund gesetzlicher Vorschriften zum Unterhalt verpflichtet ist.[1] Dieser Erhöhungstatbestand wird neu eingeführt.

## 4.6 Geldleistungen i. S. d. § 54 Abs. 2 SGB I (§ 902 Nr. 2 1. Var. ZPO)

Geldleistungen i. S. d. § 54 Abs. 2 des ersten Buches des Sozialgesetzbuches (SGB I) betreffen Ansprüche auf einmalige Geldleistungen. Einmalige Sozialleistungen nach § 902 Nr. 2 1. Var. ZPO erhöhen den Pfändungsfreibetrag in dem Monat, für den sie gewährt werden.[2] Auch hier gilt, dass auf dem Konto ein entsprechendes Guthaben vorhanden sein muss. Steht dem (erhöhten) Freibetrag im laufenden Kalendermonat kein Guthaben entgegen, so verfällt er. Der tatsächliche Eingang der Sozialleistung ist nicht erforderlich. Der Schuldner kann über den erhöhten Freibetrag auch dann verfügen, wenn entsprechendes Guthaben aufgrund anderer Zahlungseingänge vorhanden ist. Das Gesetz spricht insoweit ganz allgemein von „Beträgen". Nur so kann die vom Gesetzgeber gewollte automatisierte Pfändungsschutzkontobearbeitung sichergestellt werden, ohne dass die Kreditinstitute eine Umsatzkontrolle durchführen müssen.

Damit die Erhöhung des Freibetrags und der Eingang der Sozialleistung auf dem Konto auch im selben Monat erfolgen, hat die Deutsche Kreditwirtschaft darauf hingewiesen, dass die Sozialkassen sicherstellen müssen, dass die Gutschrift auf dem Pfändungsschutzkonto in dem Monat erfolgt,

1 BT-Drucks. 19/19850 S. 38.

2 Siehe zum Zeitpunkt der Pfandfreiheit, wenn die Bescheinigung nicht im Monat der Kontogutschrift der Leistung vorgelegt wird, sondern später: BGH Urt. v. 19.10.2017, IX ZR 3/17.

für den die Bescheinigung ausgestellt ist. Andernfalls ist nicht sicher, dass die Sozialleistung auch tatsächlich von dem Freibetrag geschützt wird.

Es spricht nichts dagegen, dass ein Kreditinstitut einem Kontoinhaber die Erhöhung seines Freibetrags für eine einmalige Sozialleistung auch für den Folgemonat noch einmal gewährt, wenn der Kontoinhaber nachweist, dass er die Sozialleistung in dem Monat, für den er die Bescheinigung zur Erhöhung des Pfändungsfreibetrags vorgelegt hat, nicht erhalten hat und auch den erhöhten Pfändungsfreibetrag mangels ausreichenden Guthabens auf dem Konto nicht in Anspruch nehmen konnte. Stand dem erhöhten Freibetrag kein Kontoguthaben gegenüber, so ist er mit Ablauf des Kalendermonats verfallen. Auf diese Weise kann das Kreditinstitut auf Seiten des Kontoinhabers zur Vermeidung von Härten beitragen, ohne in die Rechte des Pfändungsgläubigers einzugreifen.

**Nachzahlungen von Sozialleistungen**[1] für einen vergangenen Zeitraum sind keine einmaligen Sozialleistungen i. S. d. § 902 Nr. 2 1. Var. ZPO. Leistungen, die als laufende Leistungen ausgestaltet sind, aber aus rein zahlungstechnischen Gründen als Einmalbetrag erbracht werden, werden dadurch nicht zu „einmaligen Sozialleistungen".[2]

## 4.7 Geldleistungen i. S. d. § 54 Abs. 3 Nr. 3 SGB I (§ 902 Nr. 2 2. Var. ZPO)

Ebenfalls von der Pfändung nicht erfasst sind Geldleistungen i. S. d. § 54 Abs. 3 Nr. 3 SGB I zum Ausgleich eines Mehraufwandes, der durch Körper- oder Gesundheitsschäden bedingt ist. Hierunter fallen unter anderem Schwerbehindertenzulagen und Pflegezulagen. Für die Berücksichtigung der hier genannten Sozialleistungen gilt im Übrigen das gleiche wie für die einmaligen Sozialleistungen (s. o. Abschnitt 4.6 „Geldleistungen i. S. d. § 54 Abs. 2 SGB I (§ 902 Nr. 2 1. Var. ZPO)").

1 Siehe für weitere Ausführungen zu Nachzahlungen von Sozialleistungen Abschnitt 4.13 „Nachzahlungen von Sozialleistungen".

2 BGH, Beschl. v. 24.01.2018 – VII ZB 21/17: „Werden Leistungen zur Sicherung des Lebensunterhalts nach dem Zweiten Buch Sozialgesetzbuch für zurückliegende Zeiträume nachgezahlt, sind bei der Bemessung des pfändungsfreien Betrages gemäß § 850k Abs. 4 ZPO die nachgezahlten Beträge den Leistungszeiträumen zuzurechnen, für die sie gezahlt werden."

## 4.8 Geldleistung gemäß § 5 Abs. 1 des Gesetzes zur Errichtung einer Stiftung „Mutter und Kind – Schutz des ungeborenen Lebens" (§ 902 Nr. 3 ZPO)

Dieser Erhöhungsbetrag ist mit dem Pfändungsschutzkonto-Fortentwicklungsgesetz neu eingeführt worden. Geldleistungen, die gemäß § 5 Abs. 1 des Gesetzes zur Errichtung einer Stiftung „Mutter und Kind – Schutz des ungeborenen Lebens" geleistet werden, erhöhen nun den Pfändungsfreibetrag. Hierbei handelt es sich um Zuwendungen, die von der öffentlich-rechtlichen Stiftung „Mutter und Kind – Schutz des ungeborenen Lebens" geleistet werden. Diese ergänzenden Hilfen werden werdenden Müttern gewährt oder Müttern für die Zeit nach der Geburt zugesagt, die sich wegen einer Notlage an eine Schwangerschaftsberatungsstelle gewendet haben, um ihnen die Fortsetzung der Schwangerschaft zu erleichtern (§ 2 Abs. 2 des Gesetzes zur Errichtung einer Stiftung „Mutter und Kind – Schutz des ungeborenen Lebens").

Bereits nach alter Rechtslage waren diese Leistungen gemäß § 5 Abs. 1 Satz 1 und 2 des Gesetzes zur Errichtung einer Stiftung „Mutter und Kind – Schutz des ungeborenen Lebens" pfändungsfrei. Jedoch musste zur Erhöhung des Pfändungsfreibetrags stets das Vollstreckungsgericht einbezogen werden (§ 850k Abs. 4 Satz 1 ZPO). Mit der Reform soll der Schutz des Guthabens aus der Stiftung erleichtert werden und eine Anrufung des Gerichtes nicht mehr erforderlich sein.[1]

## 4.9 Geldleistungen für den Schuldner nach dem zweiten oder zwölften Buch Sozialgesetzbuch oder dem Asylbewerberleistungsgesetz (§ 902 Nr. 4 ZPO)

Nach § 902 Nr. 4 ZPO erhöhen Geldleistungen den Pfändungsfreibetrag, die nach dem zweiten oder zwölften Buch des Sozialgesetzbuchs oder dem Asylbewerberleistungsgesetz dem Schuldner selbst gewährt werden.

1 BT-Drucks. 19/19850, S. 38.

Sie erhöhen den Pfändungsfreibetrag jedoch nur in dem Umfang, in dem der pfändungsfreie Betrag nach § 899 Abs. 1 Satz 1 ZPO überstiegen wird. Hierdurch soll sichergestellt werden, dass die Leistungen jedenfalls im vollen Umfang erfasst werden, ohne mehrfach Berücksichtigung zu finden, was zu einer unangemessenen Erhöhung des individuellen kalendermonatlichen Freibetrages führen würde.[1]

Im Vergleich zu den Leistungen nach § 902 Nr. 1 lit. b und c ZPO handelt es sich bei § 902 Nr. 4 ZPO nicht um Geldleistungen, die für eine andere Person entgegengenommen werden, sondern die für den Kontoinhaber selbst bestimmt sind.

## 4.10 Kindergeld oder andere Geldleistungen für Kinder (§ 902 Nr. 5 ZPO)

Der Pfändungsfreibetrag ist um das Kindergeld nach dem Einkommensteuergesetz oder andere Geldleistungen für Kinder zu erhöhen, die der Kontoinhaber bezieht, es sei denn, dass wegen einer Unterhaltsforderung eines Kindes, für das die Leistungen gewährt werden oder bei dem es berücksichtigt wird, gepfändet wird (§ 902 Nr. 5 ZPO). Auf den tatsächlichen Eingang der Kindergeldzahlung auf dem Pfändungsschutzkonto kommt es – wie auch bei Leistungen für eine mit dem Kontoinhaber in einer Bedarfsgemeinschaft lebende Person und bei einmaligen Sozialleistungen – nicht an: Im Gesetz heißt es, dass der Freibetrag um „das Kindergeld oder andere Geldleistungen für Kinder" erhöht wird, sodass lediglich eine Bescheinigung über den Anspruch auf Zahlung dieser Leistungen vorliegen muss. Das Kreditinstitut ist aber nicht verpflichtet, zusätzlich eine Umsatzkontrolle vorzunehmen. Ist allerdings in der Bescheinigung ausdrücklich ein anderes Konto als Empfängerkonto angegeben, so kann eine Erhöhung des Pfändungsfreibetrags nicht vorgenommen werden.[2]

1 BT-Drucks. 19/19850, S. 38.

2 Siehe unten Kapitel 5 „Bescheinigungen zur Erhöhung des Pfändungsfreibetrags", Abschnitt 5.4 „Inhaltliche Anforderungen an die Bescheinigung".

## 4.10.1 Kindergeld

Der Anspruch auf den Bezug von Kindergeld wird von den Familienkassen bescheinigt.[1]

Aufgrund einer Bescheinigung über Kindergeld darf der Freibetrag allerdings auch nur um die Kindergeldzahlung erhöht werden. Eine solche Bescheinigung reicht nicht aus, um auch eine Erhöhung des Freibetrags wegen gesetzlicher Unterhaltspflicht gegenüber dem Kind vorzunehmen. Ausdrücklich nicht erfasst sind Kindergeldzahlungen nach dem Bundeskindergeldgesetz.

Bei Kindergeldzahlungen von ausländischen Staaten auf Pfändungsschutzkonten in Deutschland gilt der Schutz nach § 902 Nr. 5 ZPO ebenfalls. Das Gesetz beschränkt den Tatbestand für eine Erhöhung des Pfändungsfreibetrags nicht auf Kindergeld, das nach dem (deutschen) Einkommenssteuergesetz gezahlt wird. Somit gilt der Grundsatz, dass der Pfändungsfreibetrag auf dem Pfändungsschutzkonto – bei Vorlage einer Bescheinigung einer Person oder Stelle nach § 903 Abs. 1 Satz 2 ZPO[2] – um den Betrag des ausländischen Kindergelds zu erhöhen ist.

## 4.10.2 Andere Geldleistungen für Kinder

Auch „andere gesetzliche Geldleistungen für Kinder" als Kindergeld können zu einer Erhöhung des Pfändungsfreibetrags führen. Im Sozialrecht versteht man darunter Kinderzuschläge und vergleichbare Rentenbestandteile (§ 48 Abs. 1 Satz 2 SGB I). Zu einer Erhöhung des Pfändungsfreibetrags können nur Geldleistungen für Kinder, aber nicht Geldleistungen an Kinder führen.[3] Der Unterschied liegt darin, dass bei den Leistungen für Kinder der Schuldner (Elternteil) Anspruchsinhaber ist, bei Leistungen an Kinder hingegen das Kind selbst.

1 Siehe auch Kapitel 5 „Bescheinigungen zur Erhöhung des Pfändungsfreibetrags", Abschnitt 5.3.2 „Geltungsdauer von Bescheinigungen".

2 Vgl. oben Kapitel 5 „Bescheinigungen zur Erhöhung des Pfändungsfreibetrags", Abschnitt 5.2 „Aussteller der Bescheinigungen".

3 Ruch, ZVI 2011, 288-289; Somberg, ZVI 2010, 169 (175).

## 4.11 Unpfändbare Geldleistungen nach landesrechtlichen oder anderen bundesrechtlichen Rechtsvorschriften (§ 902 Nr. 6 ZPO)

Eine Erhöhung des individuellen kalendermonatlichen Freibetrags kann sich ebenfalls aus landesrechtlichen und anderen als in den Nummern 1 bis 5 von § 902 ZPO genannten Rechtsvorschriften ergeben, wenn dort die Unpfändbarkeit der Geldleistung festgelegt ist (§ 902 Nr. 6 ZPO). Auch dieser Erhöhungstatbestand ist mit dem Pfändungsschutzkonto-Fortentwicklungsgesetz neu eingefügt worden.

Um den Erhöhungstatbestand des § 902 Nr. 6 ZPO zu erfüllen, muss sich aus der landes- oder bundesrechtlichen Norm ergeben, unter welchen Voraussetzungen die Geldleistung zu gewähren ist, und die Norm selbst muss die Unpfändbarkeit der Geldleistung anordnen.[1] Die Unpfändbarkeit darf sich nicht erst aus einem Zusammenwirken mit anderen Vorschriften ergeben. So führt die amtliche Begründung beispielhaft aus, dass das Landespflegegeld des Freistaates Bayern unter § 902 Nr. 6 ZPO fällt, da sich die Voraussetzungen für die Gewährung aus dem Gesetz ergeben und seine Unpfändbarkeit unmittelbar im Gesetz angeordnet ist (§ 2 Abs. 4 Satz 3 BayLPflGG).[2] Als Gegenbeispiel dient das Wohngeld nach dem Wohnungsgeldgesetz.[3] Auch hier ergeben sich die Voraussetzungen für die Gewährung aus dem Gesetz, jedoch ordne es nicht unmittelbar die Unpfändbarkeit an. Diese ergebe sich erst aus § 54 Abs. 3 Nr. 2a SGB I.

Der Kontoinhaber ist jedoch auch in den zuletzt genannten Fällen nicht schutzlos gegenüber einer Pfändung dieser Beträge, sondern kann sich mit einem Antrag auf Erhöhung des Freibetrags an das Vollstreckungsgericht wenden (§ 906 ZPO).[4]

Die Stelle, die eine Leistung nach § 902 Nr. 6 ZPO gewährt, ist nach § 903 Abs. 3 Satz 2 Nr. 2 ZPO dazu verpflichtet, auf Antrag des Schuldners eine Bescheinigung auszustellen, die auch eine Aussage darüber trifft, welcher Leistungsart die Leistung zuzuordnen ist. Die skizzierten Grundsätze dürften damit auch für den Bankmitarbeiter handhabbar sein.

---

1 BT-Drucks. 19/19850, S. 38.
2 BT-Drucks. 19/19850, S. 38.
3 BT-Drucks. 19/19850, S. 38.
4 BT-Drucks. 19/19850, S. 38.

## 4.12 Erhöhte Freibeträge auf Konten von Eltern und Ehegatten

In der Bankpraxis stellt sich gelegentlich die Frage, ob bei zwei Elternteilen oder Ehegatten, die jeweils ein Pfändungsschutzkonto führen, ein Tatbestand – hier die Erfüllung der gesetzlichen Unterhaltsverpflichtung gegenüber gemeinsamen Kindern oder die Unterhaltsverpflichtung der Ehegatten untereinander – sowohl auf dem Pfändungsschutzkonto des einen als auch auf dem Pfändungsschutzkonto des anderen zur Erhöhung des Pfändungsfreibetrags führen kann. Eine solche Konstellation ist möglich. Die Bank ist dann nicht verpflichtet, die Erhöhung der Pfändungsfreibeträge zu verweigern, weil die Kontoinhaber vermeintlich doppelten Pfändungsschutz in Anspruch nehmen.

Die Erfüllung von gesetzlichen Unterhaltspflichten gegenüber den gemeinsamen Kindern kann zu einer Erhöhung des Pfändungsfreibetrags sowohl auf dem Pfändungsschutzkonto des Vaters als auch auf dem der Mutter führen. Gesetzlich zum Unterhalt verpflichtet gegenüber ihren Kindern sind beide Elternteile (§ 1601 BGB). Zur Erhöhung des Freibetrags auf einem Pfändungsschutzkonto führt allein der Umstand, dass „der Schuldner einer oder mehreren Personen aufgrund gesetzlicher Verpflichtung Unterhalt gewährt" (§ 902 Nr. 1 lit. a ZPO). Jedenfalls bei minderjährigen Kindern und bei Kindern unter 21 Jahren, die im Haushalt der Eltern oder eines Elternteils leben und sich in der allgemeinen Schulausbildung befinden, kann davon ausgegangen werden, dass die Eltern den Unterhalt tatsächlich, jedenfalls in Form von Naturalunterhalt, leisten (arg. e § 1603 Abs. 2 BGB). Das Kreditinstitut kann sich auf die Bescheinigungen stützen, die sowohl dem Vater als auch der Mutter bescheinigen, dass sie aufgrund gesetzlicher Verpflichtung Unterhalt leisten. In diesem Falle kann die Unterhaltsleistung zugunsten der Kinder sowohl auf dem Pfändungsschutzkonto des Vaters als auch auf dem Pfändungsschutzkonto der Mutter berücksichtigt werden.

Von der Situation bei der Unterhaltszahlung ist die Erhöhung der Pfändungsfreibeträge wegen Kindergeldleistungen (§ 902 Nr. 5 ZPO) zu unterscheiden. Kindergeld wird nur einem der beiden Eltern gewährt, sodass es auch nur bei dem Elternteil zur Erhöhung des Pfändungsfreibetrags auf dem Pfändungsschutzkonto führen kann, der in der vorgelegten Bescheinigung – regelmäßig eine Bescheinigung der Familienkasse – als Empfänger des Kindergelds genannt wird.

Ehegatten sind auch einander zum Unterhalt verpflichtet (§ 1360 BGB). Auch hier gilt, dass die Unterhaltsverpflichtung allein nicht ausreicht, sondern dass der Unterhalt auch tatsächlich gewährt werden muss, damit daraus ein Anspruch auf einen erhöhten Pfändungsfreibetrag auf einem Pfändungsschutzkonto resultiert (§ 902 Nr. 1 lit. a ZPO). Auch ein nichterwerbstätiger Ehegatte kann durch die Führung des gemeinsamen Haushalts seine Unterhaltspflicht erfüllen (§ 1360 Satz 2 BGB). Damit kann auch hinsichtlich des Ehegattenunterhalts die Situation eintreten, dass sowohl auf dem Pfändungsschutzkonto des Ehemanns ein erhöhter Pfändungsfreibetrag berücksichtigt wird, weil er seiner Ehefrau aufgrund gesetzlicher Verpflichtung Unterhalt gewährt, als auch auf dem Pfändungsschutzkonto der Ehefrau der erhöhte Pfändungsfreibetrag berücksichtigt wird, weil sie ihrerseits ihrem Ehemann aufgrund gesetzlicher Verpflichtung Unterhalt gewährt. Das gilt auch dann, wenn nur einer von beiden berufstätig ist. Sogar wenn beide Ehegatten berufstätig sind und jeder für sich ausreichend verdient, um seinen Lebensunterhalt allein zu bestreiten, geht der Gesetzgeber von einer gegenseitigen Unterhaltspflicht aus. Das ergibt sich aus einem Umkehrschluss zu § 1360 Satz 2 BGB, der für den Fall, dass ein Ehegatte keiner Erwerbstätigkeit nachgeht, ausdrücklich klarstellt, dass Unterhalt auch anders als durch Erwerbsarbeit gewährt werden kann.

Diese gesetzliche Wertung, dass gegenseitiger Unterhalt auch dann zu gewähren ist, wenn beide Ehegatten erwerbstätig sind, ist nachvollziehbar, da sich der Lebensstandard der Ehegatten oder der Familie nach dem gemeinsamen Einkommen richtet. Bei nicht getrennt lebenden Ehegatten ist von einer tatsächlichen Unterhaltsgewährung aufgrund dieser gesetzlichen Verpflichtung auszugehen, womit die Voraussetzungen für die Erhöhung des Pfändungsfreibetrags auf dem Pfändungsschutzkonto eines jeden Ehegatten wegen der Unterhaltsgewährung aufgrund gesetzlicher Verpflichtung gegenüber dem jeweils anderen Ehegatten vorliegen.

Das Kreditinstitut wird je nach Inhalt der vorgelegten Bescheinigungen über die Erhöhung der Pfändungsfreibeträge entscheiden.

## 4.13 Nachzahlungen von Sozialleistungen

§ 904 ZPO enthält Regelungen darüber, wie sich Nachzahlungen von Sozialleistungen auf die Berechnung der Höhe des Pfändungsfreibetrags auswirken. Diese Vorschrift ist mit dem Pfändungsschutzkonto-Fortentwicklungsgesetz neu eingefügt worden, nachdem in der Praxis regelmäßig das Problem aufgetreten war, dass die nachgezahlten Sozialleistungsbeträge den Pfändungsfreibetrag des Monats überstiegen haben, in dem sie ausgezahlt wurden.[1] Die Kreditinstitute waren dann dazu verpflichtet, den Betrag an den Pfändungsgläubiger auszukehren, soweit er den Pfändungsfreibetrag des Kontoinhabers überstiegen hat. Für den Kontoinhaber war dies sehr unbefriedigend. Denn wäre der Sozialleistungsbetrag in dem Monat ausgezahlt worden, für den er vorgesehen war, wäre er nicht en bloc, sondern in kleineren Einzelbeträgen gutgeschrieben worden und hätte dann möglicherweise den kalendermonatlichen Freibetrag nicht oder nur geringfügig überschritten.[2] Durch die Verzögerung der Auszahlung wurden daher Kontoinhaber in der Praxis oftmals schlechter gestellt. Zwar bestand für Sozialleistungen nach § 850k Abs. 6 ZPO ein Verrechnungsschutz gegenüber den Kreditinstituten, jedoch hat den Kontoinhaber dies nicht vor den Auskehrungen an den Gläubiger geschützt. Um auch einen Pfändungsschutz zu erreichen, musste er einen Antrag nach § 850k Abs. 4 ZPO bei Gericht stellen, was für alle Beteiligten zusätzlichen Aufwand hervorgerufen hat und wahrscheinlich in zahlreichen Fällen – aufgrund fehlender Kenntnisse hierüber – unterblieben ist.

Wichtig ist, dass die Berechnung der Pfändungsfreiheit von Nachzahlungen nicht von den Kreditinstituten vorzunehmen ist. Dies erfolgt entweder durch eine bescheinigende Stelle (§ 904 Abs. 4 i. V. m. § 903 Abs. 1 ZPO) oder durch das Vollstreckungsgericht (§ 904 Abs. 5 ZPO).

### 4.13.1 Nachzahlung von Geldleistungen i. S. d. § 902 Satz 1 Nr. 1 lit. b und c ZPO sowie § 902 Satz 1 Nr. 4 bis 6 ZPO (§ 904 Abs. 1 ZPO)

Vollumfänglich nicht von der Pfändung erfasst werden Geldleistungen, die unter § 902 Satz 1 Nr. 1 lit. b und c ZPO und unter § 902 Satz 1 Nr. 4 bis 6 ZPO fallen. Es ist darauf zu achten, dass nicht alle in § 902 ZPO genannten Geldbeträge pfändungsfrei sind. § 904 Abs. 1 ZPO erfasst nämlich nicht die Erhöhungstatbestände nach § 902 Satz 1 Nr. 1 lit. a ZPO und § 902 Satz 1 Nr. 2 und 3 ZPO.

Anknüpfungspunkt für den Erhöhungsbetrag nach § 902 Satz 1 Nr. 1 lit. a ZPO sind gesetzliche Unterhaltspflichten, die in aller Regel durch

1 BT-Drucks. 19/19850, S. 40.
2 BT-Drucks. 19/19850, S. 40.

Naturalien[1] geleistet werden und für die daher die hier behandelte Regelungssystematik nicht passt. Bei § 902 Satz 1 Nr. 2 ZPO handelt es sich um einmalige Sozialleistungen, bei denen die eingangs beschriebene Problematik naturgemäß nicht eintreten kann. Der Grund für die besondere Behandlung der Nachzahlungen von Geldleistungen ist gerade der Umstand, dass die Zahlungen en bloc geleistet werden, obwohl sie eigentlich für mehrere Monate vorgesehen sind. Bei einer nur einmaligen Zahlung kann diese Problematik naturgemäß nicht auftreten.

Praktisch führt die Anordnung der Pfändungsfreiheit der Geldleistung zu einer Erhöhung des Pfändungsfreibetrags. Anders als in den Fällen des § 902 Satz 1 Nr. 1 ZPO ist der Pfändungsfreibetrag genau um den Betrag zu erhöhen, der nachgezahlt wird. Es ist also so zu verfahren, als läge einer der Fälle des § 902 Satz 1 Nr. 2 bis 6 ZPO vor.

Gemäß § 904 Abs. 4 ZPO gelten § 903 Abs. 1 und Abs. 3 Satz 1 ZPO entsprechend. Die in § 903 Abs. 1 ZPO genannten Personen und Stellen müssen also Bescheinigungen über die Nachzahlungen ausstellen, wenn der Kontoinhaber dies beantragt.

Bedauerlich ist, dass § 904 Abs. 4 ZPO nicht auf § 903 Abs. 3 Satz 2 ZPO Bezug nimmt. Hierdurch wäre eine einfachere Zuordnung der nachgezahlten Beträge zu § 902 Satz 1 Nr. 1 lit. b und c und Nr. 2 bis 6 ZPO ermöglicht worden, was die Abgrenzung von § 904 Abs. 1 zu Abs. 2 ZPO vereinfacht hätte.

### 4.13.2 Sonstige laufende Sozialgeldleistungen und Arbeitseinkommen bis zu 500,00 Euro (§ 904 Abs. 2 ZPO)

Laufende Geldleistungen nach dem Sozialgesetzbuch, die nicht von § 904 Abs. 1 ZPO erfasst sind, und Arbeitseinkommen nach § 850 Abs. 2 und 3 ZPO werden dann nicht von der Pfändung erfasst, wenn ihr Betrag 500,00 Euro nicht übersteigt. Die amtliche Begründung führt für laufende Geldleistungen nach dem Sozialgesetzbuch beispielhaft Zahlungen aus der Arbeitslosen-, Renten- und Unfallversicherung sowie Krankengeld nach dem fünften Sozialgesetzbuch auf.[2]

1 Siehe für Einzelheiten: Abschnitt 4.3 „Unterhaltspflichten des Kontoinhabers".

2 BT-Drucks. 19/19850, S. 41.

Die pauschale Pfändungsfreiheit von einem Betrag bis zu 500,00 Euro soll verhindern, dass eine bescheinigende Stelle die komplizierte Berechnung vornehmen muss, ob in dem Monat, für den der nachgezahlte Betrag bestimmt ist, pfändungsfreies Guthaben entstanden wäre.[1]

### 4.13.3 Zuständigkeit für die Berechnung der Nachzahlung in den Fällen des § 904 Abs. 1 und Abs. 2 ZPO (§ 904 Abs. 4 ZPO)

Nachzahlungen gemäß § 904 Abs. 1 und Abs. 2 ZPO sind gemäß § 904 Abs. 4 ZPO durch die bescheinigenden Stellen im Sinne von § 903 Abs. 1 ZPO zu berechnen. Die gesetzliche Begründung führt diesbezüglich aus, dass der Schuldner gegenüber dem Kreditinstitut einen Nachweis entsprechend § 903 ZPO erbringen muss. Andernfalls kann das Institut mit befreiender Wirkung an den Gläubiger leisten. Keinesfalls sind die Kreditinstitute verpflichtet, diese Nachberechnung vorzunehmen.

### 4.13.4 Laufende Geldleistungen, die 500,00 Euro übersteigen (§ 904 Abs. 3 ZPO)

Für laufende Geldleistungen nach § 904 Abs. 2 ZPO, bei denen der nachgezahlte Betrag 500 Euro übersteigt, gilt § 904 Abs. 3 ZPO. Diese Beträge werden von der Pfändung des Guthabens auf dem Pfändungsschutzkonto nicht erfasst, soweit der für den jeweiligen Monat nachgezahlte Betrag in dem Monat, auf den er sich bezieht, nicht zu einem pfändbaren Guthaben geführt hätte (§ 904 Abs. 3 Satz 1 ZPO). Wird die Nachzahlung pauschal und für einen Bewilligungszeitraum gewährt, der länger als ein Monat ist, ist die Nachzahlungssumme zu gleichen Teilen auf die Zahl der betroffenen Monate aufzuteilen (§ 904 Abs. 3 Satz 2 ZPO).

---

1 BT-Drucks. 19/19850, S. 41.

### 4.13.5 Zuständigkeit für die Berechnung der Nachzahlung in den Fällen des § 904 Abs. 3 ZPO (§ 904 Abs. 5 ZPO)

Das Kreditinstitut muss auch die Berechnung in den Fällen des § 904 Abs. 3 ZPO nicht selbst durchführen. Hierfür ist nämlich gemäß § 904 Abs. 5 ZPO das Vollstreckungsgericht zuständig. Der Schuldner muss hierfür einen Antrag bei Gericht stellen (§ 904 Abs. 5 Satz 2 ZPO). Der auf den Antrag ergehende Beschluss des Gerichtes gilt nach § 904 Abs. 5 Satz 3 ZPO als Bescheinigung i. S. d. § 903 Abs. 1 Satz 2 ZPO und führt also zu einer entsprechenden Erhöhung des Pfändungsfreibetrags.

Die Zuständigkeit des Vollstreckungsgerichts nach § 904 Abs. 3 ZPO ergibt sich stets dann, wenn der nachgezahlte Betrag 500,00 Euro übersteigt. Er ist dann in Gänze vom Vollstreckungsgericht zu behandeln, das allein zuständig ist. Das Vollstreckungsgericht ist bei Beträgen über 500,00 Euro also nicht nur anteilig für die Beträge zuständig, die 500,00 Euro übersteigen. Tatsächlich würde eine Aufteilung der Zuständigkeiten – Beträge bis zu 500,00 Euro werden von den Stellen nach § 903 Abs. 1 ZPO bescheinigt, die darüber liegenden Beträge von den Vollstreckungsgerichten – die Anwendung der Regelung erheblich verkomplizieren und hätte auch für keinen Beteiligten einen erkennbaren Mehrwert.

# 5 Bescheinigungen zur Erhöhung des Pfändungsfreibetrags

Wie zuvor bereits ausgeführt, kann der pauschale monatliche Grundfreibetrag auf Antrag des Schuldners erhöht werden, wenn dieser entsprechende Nachweise erbringt. Mit der Prüfung dieser Nachweise waren mit Einführung des Pfändungsschutzkontos im Jahr 2010 zusätzliche Aufgaben auf die Kreditinstitute zugekommen, da nach früherem Recht (bis 2010) der Pfändungsfreibetrag vom Vollstreckungsgericht festgelegt worden war.

## 5.1 Erfordernis einer Bescheinigung

Nach der Umwandlung eines Zahlungskontos in ein Pfändungsschutzkonto kann der Kontoinhaber im Fall einer Pfändung seines Kontos ohne weiteres über Guthaben in Höhe des Grundfreibetrags verfügen, sofern es eine entsprechende Kontodeckung aufweist (§ 899 Abs. 1 1. Halbs. ZPO). Der Grundfreibetrag kann sich unter bestimmten Voraussetzungen um einen oder mehrere Erhöhungsbeträge erhöhen (§ 902 ZPO). Den Nachweis darüber, dass ein Erhöhungstatbestand vorliegt, hat der Kontoinhaber durch Vorlage von Bescheinigungen zu führen (§ 903 Abs. 1 Satz 2 ZPO). Bis zu einem solchen Nachweis kann das Kreditinstitut mit befreiender Wirkung gegenüber dem Schuldner an den Gläubiger insoweit leisten, als der Grundfreibetrag überschritten wird (§ 903 Abs. 1 Satz 1 ZPO).

Das Kreditinstitut hat eine Bescheinigung ab dem zweiten Geschäftstag, der auf die Vorlage der Bescheinigung folgt, zu beachten (§ 903 Abs. 4 ZPO).

## 5.2 Aussteller der Bescheinigungen

Das Kreditinstitut kann nicht jede Bescheinigung anerkennen, sondern nur die von bestimmten Stellen ausgestellten Bescheinigungen (§ 903 Abs. 1 Satz 2 ZPO). Hierbei handelt es sich um Bescheinigungen von

- Familienkassen, Sozialleistungsträgern oder einer mit der Gewährung von Geldleistungen i. S. d. § 902 Satz 1 befassten Einrichtung,
- Arbeitgebern oder
- einer geeigneten Person oder Stelle i. S. d. § 305 Abs. 1 Nr. 1 der Insolvenzordnung.

Wer eine „geeignete Person oder Stelle" i. S. d. § 305 Abs. 1 Nr. 1 InsO ist, ergibt sich nicht aus der Insolvenzordnung selbst. Vielmehr verweist diese auf die Bundesländer, die bestimmen können, welche Personen oder Stellen als geeignet anzusehen sind. Alle Bundesländer haben auf dieser Grundlage Ausführungsgesetze erlassen. In allen Bundesländern, mit Ausnahme von Baden-Württemberg, gibt es nach dem jeweiligen Landesgesetz ein Genehmigungsverfahren, in dem eine Behörde über die Anerkennung einer Stelle als geeignet i. S. d. § 305 InsO entscheidet. Als geeignet in diesem Sinne können Angehörige der rechtsberatenden Berufe – insbesondere Rechtsanwälte und Steuerberater – angesehen werden. Schuldnerberatungsstellen in öffentlicher Trägerschaft sowie Beratungsstellen der Wohlfahrtsverbände erhalten in allen Ländern regelmäßig die erforderliche Anerkennung, daneben in vielen Ländern aber auch Einrichtungen in privater Trägerschaft oder Einzelpersonen, die Schuldnerberatung freiberuflich oder gewerblich betreiben. Bei Zweifeln, ob die Bescheinigung von einer geeigneten Stelle ausgestellt worden ist, kann dies durch Nachfrage bei der jeweiligen Behörde des Bundeslandes überprüft werden; Auskunft können auch die örtlichen Sozialämter geben.

Eine Suchfunktion zum Auffinden von Schuldnerberatungsstellen bietet die Internetseite

- https://www.meine-schulden.de/beratung/beratung-finden/adressverzeichnis.

Nach Rechtslage vor Inkrafttreten des Pfändungsschutzkonto-Fortentwicklungsgesetzes im Jahr 2021 hatten einige Kontoinhaber Schwierigkeiten, eine geeignete Stelle zu finden, die ihnen eine Bescheinigung ausstellt. Die Kontoinhaber mussten häufig mehrmals oder bei verschiedenen Stellen vorstellig werden, um eine solche zu erhalten. Falls sich dies über längere Zeit hingezogen hat, bestand die Gefahr, dass ihr Guthaben (teilweise) an den Gläubiger ausgekehrt wurde, weil sie nicht rechtzeitig den Nachweis über das Vorliegen eines Erhöhungstatbestands führen konnten. Vor diesem Hintergrund hat der Gesetzgeber im Rahmen des Pfändungsschutzkonto-Fortentwicklungsgesetzes einen Anspruch auf Ausstellung einer Bescheinigung in das Gesetz aufgenommen (§ 903 Abs. 3 Satz 1 ZPO). Seitdem ist jede der in § 903 Abs. 1 Satz 2 Nr. 1 ZPO genannten Stellen, die Leistungen i. S. d. § 902 Satz 1 Nr. 1 lit. b und c sowie Nr. 2 bis 6 ZPO durch Überweisung auf ein Zahlungskonto des Schuldners erbringen, verpflichtet, auf Antrag des Schuldners eine Bescheinigung nach Abs. 1 Satz 2 über ihre Leistungen auszustellen. Nicht zur Ausstellung einer Bescheinigung verpflichtet bleibt der Arbeitgeber sowie geeignete Personen oder Stellen i. S. d. § 305 Abs. 1 Nr. 1 InsO. Die Ausstellungspflicht erstreckt sich damit nur auf staatliche Stellen. Die in § 903 Abs. 1 Satz 2 Nr. 2 und 3 ZPO genannten Stellen können gleichwohl auf freiwilliger Basis Bescheinigungen ausstellen.

Nach § 903 Abs. 3 Satz 3 Nr. 1 und 2 ZPO sind darüber hinaus die in § 903 Abs. 1 Satz 2 Nr. 1 ZPO genannten Stellen verpflichtet, soweit sie Kenntnis davon haben, zu bescheinigen, wie vielen Personen der Schuldner aufgrund einer gesetzlichen Verpflichtung Unterhalt gewährt und in welchem Alter die minderjährigen unterhaltsberechtigten Personen sind. Die Regelung soll der Verfahrensvereinfachung dienen und verhindern, dass der Schuldner zu mehreren Stellen gehen muss, obwohl die Informationen auch aus einer Hand zu erhalten wären.[1] Die Regelung verpflichtet die genannten Stellen nicht zu vertieften Nachforschungen. Eine Bescheinigungspflicht besteht nur, wenn sich die Informationen ohne größeren Aufwand beschaffen lassen. Dies wäre z. B. der Fall, wenn sie sich aus dem Verfahrensvorgang oder aus beigebrachten Unterlagen ergäben.[2]

## 5.3 Alter und Geltungsdauer von Bescheinigungen

Vor Inkrafttreten des Pfändungsschutzkonto-Fortentwicklungsgesetzes war im Gesetz nicht geregelt, wie lange eine Bescheinigung von den Kreditinstituten zu beachten ist. § 903 Abs. 2 ZPO enthält hierzu nun einige

1 BT-Drucks. 19/19850, S. 40.
2 BT-Drucks. 19/19850, S. 40.

Regelungen(siehe Abschnitt 5.3.2). Nach wie vor ist aber nicht geregelt, wie alt eine Bescheinigung höchstens sein darf, damit sie von den Banken und Sparkassen noch beachtet werden kann bzw. muss.

## 5.3.1 Alter der vorgelegten Bescheinigungen

Bescheinigungen, die nicht älter als drei Monate sind, können regelmäßig von dem Kreditinstitut akzeptiert werden. Dies gilt jedoch beispielsweise nicht, wenn aus der Bescheinigung hervorgeht, dass es sich um eine Bescheinigung für eine einmalige, in der Vergangenheit liegende Leistung handelt, oder wenn die bescheinigte Leistung befristet ist und das Fristende im Zeitpunkt der Vorlage bereits in der Vergangenheit liegt. Auch bei Berücksichtigung von Bescheinigungen, die älter als drei Monate sind, liegt regelmäßig kein Verstoß des Kreditinstituts vor gegen die Verpflichtung zur Prüfung, ob ein bestimmter Betrag nicht von der Pfändung erfasst ist. Sie können daher akzeptiert werden, und nur in Zweifelsfällen sollte ein Kreditinstitut vom Kontoinhaber eine aktuelle Bescheinigung einfordern oder ihn zwecks Anerkennung des Anspruchs auf Erhöhung des Pfändungsfreibetrags an das Vollstreckungsgericht bzw. an die Vollstreckungsbehörde verweisen.

## 5.3.2 Geltungsdauer von Bescheinigungen

Gemäß § 903 Abs. 2 Satz 1 ZPO sind Bescheinigungen für die Dauer zu beachten, für die sie ausgestellt sind. Befristete Bescheinigungen dürfen daher nur bis zum Ablauf der Frist und nicht darüber hinaus beachtet werden. Das Kreditinstitut hat selbstständig darauf zu achten, dass der Erhöhungstatbestand nach Ablauf der Frist nicht mehr berücksichtigt wird.

Unbefristete Bescheinigungen hat das Kreditinstitut für die Dauer von zwei Jahren zu beachten (§ 903 Abs. 2 Satz 2 ZPO). Dies bedeutet jedoch nicht, dass das Institut nach Ablauf der zwei Jahre dazu verpflichtet wäre, die Bescheinigung nicht mehr zu akzeptieren. Vielmehr „kann" das Kreditinstitut nach Ablauf von zwei Jahren die Vorlage einer neuen Bescheinigung verlangen (§ 903 Abs. 2 Satz 3 ZPO). Es muss dies gemäß § 908 Abs. 3 ZPO dem Kontoinhaber jedoch zwei Monate vorher anzeigen. Insgesamt belässt das Gesetz es also bei dem Grundsatz, dass Bescheinigungen regelmäßig unbefristet gelten. Das Institut kann auf die Vorlage einer neuen Bescheinigung verzichten und das Konto auf Grundlage der alten weiterführen.

Vor Ablauf von zwei Jahren kann das Kreditinstitut eine neue Bescheinigung nur verlangen, wenn tatsächliche Anhaltspunkte bestehen, die die Annahme rechtfertigen, dass die Angaben in der Bescheinigung unrichtig sind oder nicht mehr zutreffen (§ 903 Abs. 2 Satz 4 ZPO). Diese Vorschrift soll verhindern, dass der Kontoinhaber zu Unrecht von Erhöhungstatbeständen profitiert.[1] Die Unrichtigkeit oder das Nicht-mehr-zutreffen der Angaben auf der Bescheinigung kann von vornherein bestehen oder sich erst nachträglich ergeben.[2] Die amtliche Begründung führt aus, dass sich eine nachträgliche Unrichtigkeit z. B. daraus ergeben kann, dass ein unterhaltsberechtigtes Kind volljährig wird oder eine Ausbildung abschließt.[3] Ab diesem Zeitpunkt gilt der Nachweis als nicht mehr erbracht und der Erhöhungstatbestand ist daher bei der Berechnung des künftigen pfändungsfreien Guthabens nicht mehr zugrunde zu legen.

Diese Ausführungen normieren jedoch keinen Grundsatz. Die Kreditinstitute sind nicht zur regelmäßigen Kontrolle der Angaben verpflichtet. Es reicht eine Kontrolle nach den unter Abschnitt 5.3 skizzierten Maßstäben bei Vorlage der Bescheinigung.

## 5.4 Inhaltliche Anforderungen an die Bescheinigung

Bescheinigungen, die vom Schuldner gemäß § 903 Abs. 3 Satz 1 ZPO beantragt werden, müssen gemäß § 903 Abs. 3 Satz 2 ZPO den folgenden Inhalt haben:

1. die Höhe der Leistung,
2. in welcher Höhe die Leistung den in § 902 Satz 1 Nr. 1 Buchst. b und c sowie Nr. 2 bis 6 ZPO genannten Leistungsarten zuzuordnen ist,
3. für welchen Zeitraum die Leistung gewährt wird.

Darüber hinaus sollte der bearbeitende Mitarbeiter des Kreditinstituts darauf achten, dass die Bescheinigung

▷ auf den Inhaber des Pfändungsschutzkontos ausgestellt ist,

1 BT-Drucks. 19/19850, S. 39.
2 BT-Drucks. 19/19850, S. 39.
3 BT-Drucks. 19/19850, S. 39.

- augenscheinlich echt ist (das ist der Fall, wenn es keine offensichtlichen Hinweise darauf gibt, dass der aus der Bescheinigung erkennbare Aussteller nicht auch der wahre Aussteller ist).

Falls sich aus der Bescheinigung nicht alle Angaben aus § 903 Abs. 3 Satz 2 ZPO ergeben oder es berechtigte Zweifel an der Richtigkeit dieser Angaben gibt, ist der Nachweis über den Erhöhungstatbestand nicht geführt. Berechtigte Zweifel liegen nur dann vor, wenn es tatsächliche Anhaltspunkte für eine Unrichtigkeit gibt. Bloße Mutmaßungen, die nicht durch konkrete Tatsachen getragen werden, reichen hierfür nicht aus.

Um die Echtheit einer Bescheinigung prüfen zu können, dürfte es regelmäßig erforderlich sein, sich das Original der Bescheinigung vorlegen zu lassen. Um im Falle eines Rechtsstreits – z. B. mit dem Gläubiger – die notwendigen Nachweise führen zu können, sollte das Original zu den Kontoführungsunterlagen genommen werden.

In den Bescheinigungen wird oft angegeben, auf welches Konto des Empfängers die Sozialleistungen überwiesen werden. Ist dieses Konto nicht das Pfändungsschutzkonto, so kommt eine Erhöhung des Freibetrags ebenfalls nicht in Betracht.

## 5.5 Bestimmung des Pfändungsfreibetrags durch das Vollstreckungsgericht

Das Kreditinstitut kann im Zusammenhang mit dem Pfändungsschutzkonto im Wesentlichen in den folgenden Fällen mit Entscheidungen von Gerichten konfrontiert werden: bei der Nachzahlung von Sozialleistungen (§ 904 ZPO), bei der Festsetzung von Erhöhungsbeträgen durch das Vollstreckungsgericht (§ 905 ZPO), bei der Festsetzung abweichender Pfändungsfreibeträge durch das Vollstreckungsgericht (§ 906 ZPO) und bei der Festsetzung der Unpfändbarkeit von Kontoguthaben auf dem Pfändungsschutzkonto. Für die Bestimmung eines Pfändungsfreibetrags durch ein Vollstreckungsgericht sind nur die in § 905 ZPO (Festsetzung des Erhöhungsbetrags durch das Vollstreckungsgericht) und in § 906 ZPO (Festsetzung abweichender Pfändungsfreibeträge durch das Vollstreckungsgericht) behandelten Fälle relevant. Die anderen beiden Fallkonstellationen werden an den angegebenen Stellen behandelt.

### 5.5.1 Festsetzung der Erhöhungsbeträge durch das Vollstreckungsgericht (§ 905 ZPO)

Nach § 905 ZPO kann sich der Schuldner mit einem Antrag an das Vollstreckungsgericht wenden, um dort einen Beschluss zu erlangen, der die Erhöhungsbeträge nach § 902 ZPO festsetzt und die Angaben nach § 903 Abs. 3 Satz 2 ZPO enthält. § 905 ZPO ersetzt im Wesentlichen § 850k Abs. 5 Satz 4 ZPO a. F. und konkretisiert dessen Voraussetzungen weiter.

Vor der Antragsstellung beim Vollstreckungsgericht ist es erforderlich, dass der Schuldner versucht hat, eine Bescheinigung bei einer in § 903 Abs. 1 Satz 1 Nr. 1 ZPO genannten Stelle zu erhalten. Erhält er dort keine Bescheinigung, so muss er dies bei einer weiteren zur Erteilung einer Bescheinigung berechtigten Stelle versuchen. Als solche Stellen kommen insbesondere Schuldnerberatungsstellen der öffentlichen oder der freien Wohlfahrtspflege in Betracht, die aufgrund ihrer inhaltlichen Kompetenz über eine besondere Erfahrung bei der Ausstellung von Bescheinigungen zum Nachweis der Erhöhungsbeträge verfügen.

Der Schuldner muss das Zumutbare unternommen haben, um zunächst von diesen Stellen eine Bescheinigung zu erhalten, bevor er das Vollstreckungsgericht in Anspruch nehmen kann. Was genau zumutbar ist, richtet sich nach den Umständen des Einzelfalls. Hierbei kann z. B. auf den Zeitraum zwischen dem Ersuchen des Schuldners um die Bescheinigung und dem Zeitpunkt, in dem er bei einem geordneten Verwaltungsablauf mit der Ausstellung rechnen kann, abgestellt werden. Darüber hinaus sind auch die den Schuldner betreffenden Fristen für die Bewertung bedeutsam: Nach § 900 Abs. 1 Satz 1 ZPO besteht zugunsten des Schuldners ein Moratorium für die Leistung aus dem Guthaben von nur einem Kalendermonat; innerhalb dieses Zeitraums muss der Schuldner einen Nachweis durch Vorlage einer Bescheinigung führen, um Erhöhungsbeträge pfändungsfrei zu stellen.

Der Schuldner muss die oben genannten Voraussetzungen dem Gericht glaubhaft machen. Unter der Glaubhaftmachung versteht man ein herabgesetztes Beweismaß. Der Schuldner muss die vorgetragenen Tatsachen nicht zur vollen persönlichen Überzeugung des Gerichts darlegen, sondern es genügt, dass das Gericht das Vorgetragene für überwiegend wahrscheinlich hält. Hiermit reagiert der Gesetzgeber auf das in der Vergangenheit häufiger anzutreffende Problem, dass Gerichte Anträge auf Festsetzung des Pfändungsfreibetrags verhältnismäßig schnell zurückgewiesen haben.

Der von dem Vollstreckungsgericht ausgesprochene Beschluss gilt als Bescheinigung im Sinne von § 903 Abs. 1 Satz 2 ZPO und muss von den Kreditinstituten anerkannt werden.

### 5.5.2 Bestimmung eines abweichenden Pfändungsfreibetrages durch das Vollstreckungsgericht (§ 906 Abs. 2 ZPO)

Grundlage des Kontopfändungsschutzes ist eine Pauschalierung der monatlichen Pfändungsfreibeträge und in der Regel ein entsprechendes Kontoguthaben. Der auf dem Pfändungsschutzkonto gewährte Pfändungsfreibetrag wird nur im Rahmen des § 902 ZPO an die individuellen Verhältnisse angepasst. Auch der Grundfreibetrag ist in der Höhe nicht variabel, während sich die Höhe des pfändungsfreien Arbeitseinkommens gemäß § 850c ZPO nach der Höhe des Arbeitseinkommens richtet. Aus diesem Grund sieht das Gesetz die Möglichkeit vor, dass das Vollstreckungsgericht auf Antrag einen von dem pauschalen Kontopfändungsschutz abweichenden Freibetrag bestimmt.

Vom Gericht nach § 906 Abs. 2 ZPO festgesetzte Pfändungsfreibeträge gelten – anders als Beschlüsse nach § 905 ZPO – nur für die konkrete Pfändungsmaßnahme, für die der Beschluss des Gerichts beantragt worden ist. Das bedeutet für nachrangige Pfändungen, dass die Differenz zwischen dem vom Gericht festgesetzten höheren Pfändungsfreibetrag für eine vorrangige Pfändung und dem niedrigeren (gesetzlichen) Betrag für die nachrangige Pfändung an den nachrangigen Pfändungsgläubiger auszuzahlen ist. Der Kontoinhaber müsste daher zur Erlangung eines wirkungsvollen Pfändungsschutzes seinen Antrag auf Festsetzung eines abweichenden Pfändungsfreibetrags auf alle Pfändungsmaßnahmen beziehen.

Der Antrag nach § 906 Abs. 2 ZPO kann vom Kontoinhaber, vom Pfändungsgläubiger und sogar vom Kreditinstitut gestellt werden. Somit hat nicht nur der Schuldner die Möglichkeit, den pauschalen Pfändungsfreibetrag durch Antrag bei Gericht zu erhöhen, sondern auch der Pfändungsgläubiger kann durch Antrag einen niedrigeren Pfändungsfreibetrag erreichen.

Ist der Gerichtsbeschluss unbestimmt hinsichtlich möglicher Erhöhungen des Pfändungsfreibetrags aufgrund vom Kontoinhaber vorgelegter Bescheinigungen, können der Kontoinhaber oder das Kreditinstitut einen

Klarstellungbeschluss des Vollstreckungsgerichts verlangen. Zu unbestimmt ist beispielsweise folgende Formulierung:

*„Die Kontopfändung wird in Höhe von N. N. Euro monatlich aufgehoben."*

Gelegentlich hat es gerichtliche Entscheidungen gegeben, die davon abgesehen haben, einen pfändungsfreien Betrag zu beziffern, und stattdessen bestimmt haben, dass der gesamte Betrag, der von einem bestimmten Konto oder einer bestimmten Person/einem bestimmten Auftraggeber überwiesen wird, der Pfändung nicht unterliegt. Dies hat in der Bankpraxis zu Schwierigkeiten geführt, weil das Kreditinstitut dann durch eine Umsatzkontrolle auf dem Konto den Pfändungsfreibetrag monatlich neu bestimmen musste.

Zu solchen Beschlüssen kam es insbesondere dann, wenn das Arbeitseinkommen des Kontoinhabers bereits „an der Quelle" (beim Arbeitgeber) gepfändet war, sodass der Arbeitgeber nur noch den pfändungsfreien Teil des Arbeitseinkommens auf das Pfändungsschutzkonto überwies. Der Bundesgerichtshof[1] hat festgestellt, dass eine solche Bezugnahme auf das pfändungsfreie Arbeitseinkommen nur in Ausnahmefällen zulässig ist. Er hat jedoch auch festgestellt, dass auf einen Antrag nach § 850k Abs. 4 ZPO a. F. (heutiger § 906 Abs. 2 ZPO) der Beschluss des Gerichts grundsätzlich einen Pfändungsfreibetrag zu beziffern hat. Nur wenn das vom Arbeitgeber auf das Pfändungsschutzkonto überwiesene pfändungsfreie Arbeitseinkommen nicht gleichbleibe, dann sei es weder dem Schuldner noch dem Vollstreckungsgericht zumutbar, dass der Schuldner unter Umständen jeden Monat einen neuen Antrag nach § 850k Abs. 4 ZPO stellt. In diesen Fällen brauche der monatliche Freibetrag nicht beziffert zu werden, sondern könne durch die Bezugnahme auf das vom Arbeitgeber des Schuldners überwiesene Arbeitseinkommen festgesetzt werden. Der Gesetzgeber hat diese Rechtsprechung im Rahmen des Pfändungsschutzkonto-Fortentwicklungsgesetzes in § 906 Abs. 3 Nr. 1 ZPO aufgenommen und bestimmt, dass in der Regel eine Festsetzung, d. h. eine Bezifferung des Betrags, erfolgen muss. Von dieser Regel darf nur im Ausnahmefall abgewichen werden.[2]

Erfolgt in dem Gerichtsbeschluss keine Bezifferung des Betrages, kommt es zu einer teilweisen Blockade des Kontos und einem Mehraufwand bei

1 BGH, Beschl. v. 10.11.2011 – VII ZB 64/10, WM 2011, 2367 – 2369 = NJW 2012, 79–81.

2 BT-Drucks. 19/19850, S. 43.

der Kontoführung, da der Pfändungsfreibetrag nur dadurch festgestellt werden kann, dass ein Mitarbeiter des Kreditinstituts die Umsätze auf dem Konto überprüft und den festgestellten Überweisungsbetrag des Arbeitgebers als Pfändungsfreibetrag in die EDV eingibt.

**Praxishinweis:**

Um eine Sperrung zum Ende des Kalendermonats zu vermeiden – das EDV-Anwendungsprogramm würde ansonsten den Freibetrag des Vormonats verwenden, der aber möglicherweise niedriger ist als der sich nach dem Überweisungsbetrag des Arbeitgebers im aktuellen Monat bestimmende gerichtlich festgesetzte Pfändungsfreibetrag –, könnte das Kreditinstitut wie folgt vorgehen: Es führt das Pfändungsschutzkonto mit den Freibeträgen nach §§ 899 Abs. 1 Satz 1 und 902 ZPO. Der sich daraus ergebende Pfändungsfreibetrag wird zunächst „übergangsweise" zu Grunde gelegt. Nach Hinweis durch den Kontoinhaber auf den Eingang des Arbeitsentgelts oder regelmäßig spätestens zum Ende des Monats überprüft das Kreditinstitut die Kontoumsätze und passt dann den Pfändungsfreibetrag dieses Monats entsprechend dem vom Arbeitgeber überwiesenen Arbeitsentgelt an.

Es ist erfreulich, dass der Gesetzgeber in § 906 Abs. 3 ZPO den Ausnahmecharakter des BGH-Beschlusses vom 10. November 2011 aufgegriffen hat. In der Bankpraxis wird darauf zu achten sein, dass Vollstreckungsgerichte in einem Beschluss nach § 906 Abs. 2 ZPO nur dann davon absehen können, einen konkreten Betrag festzusetzen, wenn

- das Arbeitseinkommen tatsächlich monatlich variiert und
- das Arbeitseinkommen als solches bei der Gutschrift zu erkennen ist.

Hierzu hat bereits der BGH wörtlich festgestellt:

*„Das Vollstreckungsgericht hat im Rahmen seines Beschlusses den pfändungsfreien Betrag grundsätzlich zu beziffern. […] Etwas anderes muss dann gelten, wenn das vom Arbeitgeber auf das Pfändungsschutzkonto überwiesene pfändungsfreie Arbeitseinkommen nicht gleich bleibt, sondern ständig in unterschiedlichem Maße von den Sockelbeträgen des § 850k ZPO abweicht. […] Sofern Arbeitseinkommen als solches bei der Gutschrift zu erkennen ist, unterliegt das Kreditinstitut keinen besonderen Risiken. Eine solche ohne weiteres mögliche Erkennbarkeit ist allerdings Voraussetzung für eine entsprechende Anordnung."*

Eine einmalige Abweichung bei der Höhe des Arbeitseinkommens, etwa wegen Zahlung von Urlaubs- oder Weihnachtsgeld, kann den Voraussetzungen des Urteils nicht genügen; vielmehr erscheint es bei nur zwei oder drei Abweichungen pro Jahr dem Kontoinhaber und dem Vollstreckungsgericht zumutbar, jeweils einen Antrag zu stellen bzw. einen Beschluss zu erlassen.

Für die Erkennbarkeit einer Gutschrift als Arbeitsentgelt hat der BGH keine weiteren Hinweise gegeben. Er hat jedoch ausgeführt, dass es nach seiner Einschätzung möglich ist, die Vorgaben eines gerichtlichen Beschlusses, nach dem das eingehende Arbeitseinkommen unpfändbar ist, datentechnisch so zu erfassen, dass eine automatisierte Bearbeitung möglich ist. Daher kann angenommen werden, dass Voraussetzung für einen derartigen Beschluss ist, dass der – in dem Gerichtsbeschluss namentlich zu nennende – Arbeitgeber bei der Überweisung Textschlüssel (hier: Textschlüssel Nr. 53) verwendet, sodass die eingehende Zahlung als Lohn- oder Gehaltszahlung EDV-mäßig zu erkennen ist. Die Verwendung von Textschlüsseln ist nicht nur unverbindlich, sondern erfordert auch gewisse technische Voraussetzungen, die regelmäßig nur bei Arbeitgebern mit einer größeren Belegschaft vorhanden sind. Unabhängig davon, welche Anforderungen man an die „Erkennbarkeit" stellt, muss jedenfalls das Vollstreckungsgericht positive Feststellungen darüber treffen, ob die Lohn- und Gehaltszahlungen, auf die es in seinem Beschluss zur Bestimmung des Pfändungsfreibetrags Bezug nimmt, für das Kreditinstitut „ohne weiteres erkennbar" sind. Sind die Voraussetzungen nicht gegeben, hat es gemäß dem Beschluss des BGH den Pfändungsfreibetrag zu beziffern und gegebenenfalls monatlich neu zu bestimmen. Diese Wertung greift das Gesetz in § 906 Abs. 3 ZPO – ausweislich der Gesetzesbegründung – ausdrücklich auf und betont, dass eine Ausdehnung der nicht bezifferten Festsetzung über die dargestellte BGH-Rechtsprechung hinaus nicht vorgesehen sei.[1]

Nach einer Entscheidung des LG Koblenz[2] kann auch das Rechtschutzbedürfnis für eine Entscheidung des Gerichts nach § 850k Abs. 4 ZPO fehlen, wenn der Schuldner dadurch nicht besser stünde als bei Berücksichtigung der gesetzlichen Pfändungsfreibeträge. Das Gericht lehnte zu Recht die Festsetzung eines Pfändungsfreibetrags nach § 850k Abs. 4 ZPO a. F. (heute § 906 Abs. 2 ZPO) auf den vom Arbeitgeber im jeweiligen Kalendermonat als Arbeitseinkommen überwiesenen Betrag in einem Fall ab, in dem zwar das Arbeitseinkommen bereits beim Arbeitgeber gepfändet

1 BT-Drucks. 19/19850, S. 43.

2 LG Koblenz, Beschl. v. 10.04.2012 – 2 T 215/12.

war, dieses pfändungsfreie Arbeitseinkommen aber den Pfändungsfreibetrag nach § 850k Abs. 1 und 2 a. F. ZPO nicht überstieg; für einen Antrag nach § 850k Abs. 4 ZPO a. F. fehle das Rechtsschutzbedürfnis. Das Kreditinstitut sollte daher im Falle einer Bezugnahme in einem gerichtlichen Beschluss auf das monatlich überwiesene, pfändungsfreie Arbeitseinkommen prüfen, ob nicht ein Antrag auf Anordnung der Unpfändbarkeit des Guthabens auf dem Pfändungsschutzkonto für die Dauer von bis zu zwölf Monaten (§ 850 l ZPO) in Betracht kommt.

### 5.5.3 Bestimmung des Pfändungsfreibetrags durch das Vollstreckungsgericht bei Unterhaltspfändungen (§ 906 Abs. 1 Satz 1, 1. Var. ZPO)

An die Stelle der nach § 899 Abs. 1 Satz 1 und § 902 Satz 1 ZPO pfändungsfreien Beträge tritt der vom Vollstreckungsgericht im Pfändungsbeschluss belassene Betrag, wenn das Guthaben wegen Forderungen aus gesetzlichen Unterhaltsansprüchen (§ 850d ZPO) gepfändet wird (§ 906 Abs. 1 Satz 1 1. Var. ZPO). Bescheinigungen über einmalige Geldleistungen und Geldleistungen zum Ausgleich eines Mehraufwandes sowie über Kindergeld oder andere Leistungen für Kinder – es sei denn, dass wegen der Unterhaltsforderung dieses Kindes gepfändet wird – können den vom Gericht festgesetzten Freibetrag erhöhen.

In den Fällen des § 850d Abs. 1 und 2 ZPO kann das Vollstreckungsgericht auf Antrag einen von Satz 1 abweichenden pfändungsfreien Betrag festlegen (§ 906 Abs. 1 Satz 2 ZPO). Dies betrifft Fälle, in denen der Freibetrag nach Satz 1 zu niedrig oder dem Pfändungsgläubiger der Freibetrag zu hoch ist. Sie können dann einen Antrag stellen, den vom Vollstreckungsgericht für die Unterhaltspfändung festgesetzten Freibetrag zu ändern.

### 5.5.4 Bestimmung des Pfändungsfreibetrags durch das Vollstreckungsgericht bei deliktischen Forderungen (§ 906 Abs. 1 Satz 1, 2. Var. ZPO)

Wird die Zwangsvollstreckung wegen einer Forderung aus einer vorsätzlich begangenen unerlaubten Handlung betrieben, so kann das Vollstreckungsgericht auf Antrag des Gläubigers den pfändbaren Teil des

Arbeitseinkommens ohne Rücksicht auf die in § 850c ZPO vorgesehenen Beschränkungen bestimmen. Dem Schuldner ist jedoch so viel zu belassen, wie er für seinen notwendigen Unterhalt und zur Erfüllung seiner laufenden gesetzlichen Unterhaltspflichten bedarf (§ 850f Abs. 2 ZPO). Hat der Gläubiger einen Pfändungs- und Überweisungsbeschluss wegen Delikts- und Unterhaltsansprüchen in Anspruch A (an Arbeitgeber) und Anspruch D (an Kreditinstitute) beantragt, gilt der dem Schuldner zu belassende Selbstbehalt nicht für ein gepfändetes Pfändungsschutzkonto. Der Gläubiger müsste vielmehr einen gesonderten Antrag nach § 906 Abs. 1 Satz 1 ZPO auf Festsetzung eines abweichenden Pfändungsfreibetrags auf dem Pfändungsschutzkonto stellen.

## 5.6 Zeitpunkt der Berücksichtigung vorgelegter Bescheinigungen

Legt ein Kontoinhaber eine Bescheinigung zur Erhöhung des Pfändungsfreibetrags auf einem Pfändungsschutzkonto vor, hat das Kreditinstitut diese Bescheinigung spätestens ab dem zweiten auf die Vorlage der Bescheinigung folgenden Geschäftstag zu berücksichtigen (§ 903 Abs. 4 ZPO). Nach alter Rechtslage war hierfür noch eine Frist von vier Tagen vorgesehen.

Durch Vorlage einer Bescheinigung wird der Pfändungsfreibetrag für den Monat (und gegebenenfalls folgende Kalendermonate) erhöht, in dem die Bescheinigung vorgelegt und vom Kreditinstitut (innerhalb der erwähnten Zwei-Tage-Frist) berücksichtigt worden ist.

Erfolgt die Vorlage der Bescheinigung innerhalb einer Frist von einem Monat nach Zustellung des Pfändungs- und Überweisungsbeschlusses, so wirkt die Bescheinigung auf den Zeitpunkt der Zustellung des Pfändungs- und Überweisungsbeschlusses zurück. Das ist im Gesetz nicht ausdrücklich geregelt, kann aber einer Analogie zu der Monatsfrist in § 899 Abs. 1 Satz 2 ZPO entnommen werden. Die Monatsfrist in § 899 Abs. 1 Satz 2 ZPO und in § 835 Abs. 3 Satz 2 ZPO dient dem Schutz des Pfändungsschuldners und soll ihm die Möglichkeit eröffnen, vor der Auszahlung des gepfändeten Guthabens an den Pfändungsgläubiger die Voraussetzungen für den Pfändungsschutz zu schaffen. Die Umwandlung des Girokontos in ein Pfändungsschutzkonto ist sicherlich die wesentliche Voraussetzung für den Pfändungsschutz, aber auch die Vorlage geeigneter Bescheinigungen zur Erhöhung des Grundpfändungsfreibetrags dient der Sicherstellung des Pfändungsschutzes in der individuell zutreffenden Höhe.

Für die Berechnung der Frist kommt es genau genommen nicht auf die Vorlage der Bescheinigung an, sondern auf den Zeitpunkt, ab dem die Bank die Bescheinigung tatsächlich berücksichtigt. Sie hat die Bescheinigung spätestens „ab dem zweiten auf die Vorlage der Bescheinigung folgenden Geschäftstag zu beachten" (§ 903 Abs. 4 ZPO).

Relevant wird der Zeitpunkt der Vorlage einer Bescheinigung nur, wenn zwischen der Zustellung des Pfändungs- und Überweisungsbeschlusses und der Vorlage der Bescheinigung (genauer: der Berücksichtigung der vorgelegten Bescheinigung durch die Bank innerhalb der Zwei-Tage-Frist) ein Kalendermonatswechsel liegt.

## 5.7 Aufbewahrungsfristen

Die Aufbewahrungsfristen für Bescheinigungen, die zum Zwecke der Erhöhung des Pfändungsfreibetrags eingereicht worden sind, richten sich nach den für die Aufbewahrung von Unterlagen zur Kontoführung geltenden Vorschriften. Eine Aufbewahrung als Wiedergabe auf einem Bildträger oder einem anderen Datenträger (§ 257 Abs. 3 HGB) ist ausreichend.

## 5.8 Nachweispflicht und Herausgabepflicht gegenüber dem Pfändungsgläubiger

### 5.8.1 Auskunftsanspruch des Pfändungsgläubigers gegen das Kreditinstitut

Ein Pfändungsgläubiger hat keinen Anspruch gegen das Kreditinstitut als Drittschuldner auf Rechenschaft über die Berechnung des Pfändungsfreibetrags oder gar auf Herausgabe der Bescheinigungen, aufgrund derer das Kreditinstitut den Pfändungsfreibetrag erhöht hat. Dies ergibt sich aus folgender Überlegung: Ein einklagbarer Anspruch des Gläubigers auf Abgabe einer Drittschuldnerbescheinigung besteht nicht. Wenn aber bereits ein gesetzlicher Anspruch wie der nach § 840 Abs. 1 ZPO nicht einklagbar ist, so kann erst recht ein gesetzlich nicht normierter Anspruch keine einklagbare Rechenschaftspflicht des Kreditinstituts gegenüber dem Gläubiger auslösen. Das Kreditinstitut als Drittschuldner ist auch nicht zur Herausgabe von Kontoauszügen verpflichtet, auch dann nicht, wenn der Gläubiger den Anspruch des Schuldners gegen das Kreditinstitut auf Herausgabe von Kontoauszügen gepfändet und sich hat überweisen lassen.[1]

### 5.8.2 Auskunftsanspruch des Pfändungsgläubigers gegenüber dem Schuldner

Der Pfändungsgläubiger hat allerdings einen Auskunftsanspruch gegen den Schuldner (Kontoinhaber) aus § 836 Abs. 3 ZPO.[2] Der Gläubiger kann verlangen, dass die Verpflichtung des Schuldners aus § 836 Abs. 3 ZPO zur Herausgabe der bei ihm vorhandenen Nachweise, die zur Erhöhung des Pfändungsfreibetrags führen können, in den Pfändungs- und Überweisungsbeschluss mit aufgenommen wird, wobei dem Schuldner nachgelassen werden kann, die Übergabe durch Herausgabe von Kopien zu erfüllen.[3] Sollten die Unterlagen beim Schuldner – auch nicht in Kopie – nicht vorliegen, mag der Gläubiger seinem Auskunftsanspruch durch Aufforderung zur Abgabe einer eidesstattlichen Versicherung des Schuldners geltend machen.

### 5.8.3 Auskunftsanspruch der Finanzbehörde gegenüber dem Kreditinstitut

Nach § 93 Abs. 1 Satz 1 AO sind nicht nur Beteiligte, sondern auch andere Personen verpflichtet, der Finanzbehörde die zur Feststellung eines für die Besteuerung erheblichen Sachverhalts erforderlichen Auskünfte zu erteilen. Die Finanzbehörde kann von Beteiligten und anderen Personen die Vorlage von Unterlagen zur Einsicht und Prüfung verlangen (§ 97 AO). Es handelt sich um allgemeine Beweismittelvorschriften; sie gelten daher grundsätzlich in allen der Sachaufklärung dienenden Verwaltungsverfahren und damit grundsätzlich auch im Vollstreckungsverfahren.[4] Nach

1 LG Köln, Beschl. v. 22.03.2013 – 34 T 61/13, WM 2013, 1410–1411.

2 So auch die Gesetzesbegründung für die alte Rechtslage, die jedoch weiterhin Gültigkeit hat: BT-Drucks. 16/7615, S. 20.

3 BGH, Beschl. v. 21.02.2013 – VII ZB 59/10.

4 BFH, Urt. v. 30.03.1989 – VII R 89/88; BFH, Urt. v. 19.12.2006 – VII R 46/05.

der Rechtsprechung des Bundesfinanzhofs kann eine Finanzbehörde, die das Konto eines Steuerpflichtigen gepfändet hat, vom kontoführenden Kreditinstitut die Vorlage von Kontoauszügen mit der Begründung verlangen, die Einhaltung der Pfändung durch das Kreditinstitut müsse nachgeprüft werden.[1]

Der Auskunftspflicht geht ein Auskunftsersuchen voran. Dabei handelt es sich um einen mit einem Einspruch anfechtbaren Verwaltungsakt. Dem Erlass eines solches Verwaltungsakts liegt eine Ermessenentscheidung zugrunde. Das Auskunftsersuchen muss erforderlich, verhältnismäßig und zumutbar sein. Auch wenn anderen Pfändungsgläubigern ein solcher Auskunftsanspruch nicht zusteht, wird man grundsätzlich nicht verneinen können, dass die Auskunft betreffend die Pfändungsfreibeträge erforderlich ist, um die Einhaltung der Pfändung durch das Kreditinstitut nachzuprüfen oder um die Richtigkeit der vom Schuldner beim Kreditinstitut vorgelegten Bescheinigungen zu prüfen.

Andere Personen als die Beteiligten sollen erst dann zur Auskunft angehalten werden, wenn die Sachverhaltsaufklärung durch die Beteiligten nicht zum Ziel führt oder keinen Erfolg verspricht (§ 93 Abs. 1 Satz 3 AO). Grundsätzlich muss also die Finanzbehörde zunächst versuchen, vom Beteiligten – hier also vom Schuldner – eine Auskunft zu erlangen, bevor sie ein Auskunftsersuchen an das Kreditinstitut richtet. Ein Kreditinstitut kann aber nicht verlangen, dass eine Finanzbehörde die Mitwirkungspflicht des Beteiligten mit Zwangsmitteln durchsetzt oder ihm eine eidesstattliche Versicherung abverlangt[2], da sich das Auskunftsersuchen an einen Dritten regelmäßig als milderes Mittel erweist.

Mit Ausnahme von Beteiligten und Personen, die für die Beteiligten die Auskunfts- oder Vorlagepflicht zu erfüllen haben, erhalten Auskunftspflichtige (§ 93 AO) und Vorlagepflichtige (§ 97 AO), die die Finanzbehörde zu Beweiszwecken herangezogen hat, auf Antrag eine Entschädigung oder Vergütung in entsprechender Anwendung des Justizvergütungs- und -entschädigungsgesetzes (§ 107 AO).

1 BFH, Urt. v. 30.03.1989 – VII R 89/88.
2 BFH, BStBl 200, 366 (369).

# 6 Kontopfändung

## 6.1 Pfändungsumfang bei Kontoguthaben (§ 833a ZPO)

Nach § 833a ZPO wird von der Pfändung nicht nur das bei Zustellung bestehende Guthaben, sondern auch ein danach entstehendes Guthaben erfasst. Die ausdrückliche Pfändung künftiger Guthaben ist nicht erforderlich. Die Pfändung umfasst alle Arten von Konten bei Kreditinstituten, insbesondere Giro- und Sparkonten.[1]

## 6.2 Kreditkartenkonten von vorausbezahlten Kreditkarten („Prepaid-Kreditkarten")

Kreditinstitute bieten ihren Kunden zunehmend auch vorausbezahlte Kreditkarten (sogenannte Prepaid-Kreditkarten) an. Bei diesen besteht die Besonderheit darin, dass der verfügbare Betrag im Voraus auf ein gesondertes Kreditkartenkonto eingezahlt werden muss. Im Rahmen des Kontenpfändungsschutzes stellt sich die Frage, ob das Kreditkartenkonto vom Pfändungsschutz des als Pfändungsschutzkonto geführten Girokontos erfasst wird. Das könnte etwa dann der Fall sein, wenn das Kreditkartenkonto als Unterkonto zum Girokonto, also zum Pfändungsschutzkonto, geführt wird.

In der genossenschaftlichen Finanzgruppe Volksbanken Raiffeisenbanken werden die Kreditkartenkonten für vorausbezahlte Kreditkarten unab-

1 Siehe für die alte Rechtslage, die jedoch noch weiterhin Gültigkeit hat: BT-Drucks. 16/7615, S. 16.

hängig von dem Girokonto des Kontoinhabers geführt. Das drückt sich in der Nummerierung der Konten und im Kontenrahmenplan aus. Für jede Kreditkarte – sowohl für vorausbezahlte als auch für Kreditkarten im eigentlichen Sinne – wird ein Kreditkartenkonto auf den Namen des Kunden eingerichtet. Bei diesen Konten handelt es sich um Zahlungsverkehrskonten, wobei es allerdings der Entscheidung der jeweiligen Ortsbank obliegt, ob der Kunde für dieses Konto eine Kontonummer erhält. Ist das der Fall, kann er Überweisungen direkt auf dieses Kreditkartenkonto vornehmen, ansonsten hat er seine Überweisung an ein Sammelkonto zu richten, von dem aus das Guthaben entsprechend dem Verwendungszweck der Überweisung auf das Kreditkartenkonto weitergeleitet wird. Das Kreditkartenkonto ist in diesem Fall ein vom Girokonto unabhängiges Konto. Für den Kontopfändungsschutz bedeutet dies, dass das Guthaben auf dem Kreditkartenkonto nicht von dem Pfändungsschutz des Guthabens auf dem Girokonto erfasst ist.

Bei der Zustellung eines Pfändungs- und Überweisungsbeschlusses muss allerdings die Formulierung dahingehend überprüft werden, ob auch das Guthaben auf dem Kreditkartenkonto von der Pfändung erfasst ist. Ist das der Fall, so ist die vorausbezahlte Kreditkarte nicht mehr einsetzbar, weil das Guthaben auf dem Kreditkartenkonto mit Zustellung des Pfändungs- und Überweisungsbeschlusses zunächst für vier Wochen gesperrt (§ 835 Abs. 3 Satz 2 ZPO) und sodann an den Pfändungsgläubiger auszukehren ist. Würde der Kontoinhaber Guthaben im Rahmen des Pfändungsfreibetrags vom Pfändungsschutzkonto auf das Kreditkartenkonto umbuchen, würde dieses Guthaben nach der Umbuchung vom Pfändungsschutzkonto nicht mehr vom Pfändungsschutz erfasst werden und ebenfalls der Pfändung unterliegen.

## 6.3 Pfändung des Kontos eines Dritten

Gegenstand der Kontenpfändung ist grundsätzlich nur Guthaben auf Konten, deren Inhaber oder – bei Gemeinschaftskonten – Mitinhaber der Schuldner ist. Nur in Bezug auf das Guthaben solcher Konten besteht eine Forderung des Schuldners gegen das Kreditinstitut. Nutzt der Schuldner hingegen Konten von Angehörigen oder Bekannten zur Entgegennahme von Zahlungen, so können die daraus entstehenden Guthaben auf den fremden Konten nicht Gegenstand einer Zwangsvollstreckung in eine Forderung des Schuldners gegen das Kreditinstitut sein. Nur der Kontoinhaber hat eine Forderung gegen das Kreditinstitut auf das Kontoguthaben, nicht aber der Schuldner, der nur das fremde Konto zur Entgegennahme von Zahlungen nutzt. Das gilt auch, wenn der Kontoinhaber dem Schuldner einer Kontovollmacht erteilt hat und ihm somit eine Verfügungsbefugnis über das Konto eingeräumt worden ist. Eine Pfändung angeblicher Forderungen des Schuldners gegen das Kreditinstitut ginge also ins Leere und wäre von der Bank zurückzuweisen, wenn der Schuldner nicht Kontoinhaber ist. Das aus einer Zahlung für den Schuldner entstandene Guthaben auf dem Konto ist somit nur bei einer gegen den Kontoinhaber gerichteten Pfändung dessen Kontos im Rahmen des diesem zustehenden Pfändungsfreibetrags geschützt.

Nutzt der Schuldner fremde Konten zur Abwicklung seines Zahlungsverkehrs, kann der Anspruch des Schuldners gegen den Kontoinhaber auf Herausgabe der auf dem Konto zugunsten des Schuldners eingegangenen Gutschriften gepfändet werden. Wegen dieser Möglichkeit erhält der Gläubiger im Rahmen der Zwangsvollstreckung auch Auskunft über die Konten, für die dem Schuldner Verfügungsmacht eingeräumt worden ist (§ 802 l Abs. 1 Nr. 2 ZPO). Drittschuldner ist in diesem Falle aber nicht das Kreditinstitut, sondern der Kontoinhaber. Pfändungsschutz kann der Schuldner daher auch nicht im Rahmen der Pfändungsfreibeträge für ein Pfändungsschutzkonto des Kontoinhabers beanspruchen.

# *7 Drittschuldnererklärung (§ 840 ZPO)*

## 7.1 Angaben über Pfändungsschutzkonto und Unpfändbarkeit

Das Institut muss in der Drittschuldnererklärung unter anderem darauf hinweisen,

- ob innerhalb der letzten zwölf Monate im Hinblick auf das Konto, dessen Guthaben gepfändet worden ist, vom Vollstreckungsgericht nach § 907 ZPO die Unpfändbarkeit des Guthabens angeordnet worden ist,
- ob es sich bei dem Konto um ein Pfändungsschutzkonto einer Einzelperson oder um ein Gemeinschaftskonto handelt und,
- falls es sich um ein Gemeinschaftskonto handeln sollte, ob der Schuldner nur gemeinsam mit einer anderen Person oder mit mehreren Personen verfügungsbefugt ist.

Auf den Umstand, dass ein Pfändungsgläubiger die Pfändung für erledigt erklärt hat, ist nicht hinzuweisen.

## 7.2 Umwandlung in ein Pfändungsschutzkonto nach Pfändungseingang, keine Nachmeldeerfordernis

Wenn ein Girokonto erst nach Zustellung eines Pfändungs- und Überweisungsbeschlusses in ein Pfändungsschutzkonto umgewandelt wird und das Kreditinstitut bereits vor der Umwandlung eine Drittschuldnererklärung mit dem Inhalt abgegeben hat, dass das Girokonto nicht als Pfändungsschutzkonto geführt wird, muss keine erneute Drittschuldnererklärung abgegeben werden, mit der über die Umwandlung in ein Pfändungsschutzkonto informiert wird. Eine solche freiwillige, erneute Drittschuldnererklärung kann sich jedoch empfehlen, um einem höheren Arbeitsaufwand durch Nachfragen des Pfändungsgläubigers vorzubeugen.

# 8 Kontoführung nach Zustellung eines Pfändungs- und Überweisungsbeschlusses

## 8.1 Zahlungssperre (§ 835 Abs. 3 Satz 2 ZPO)

### 8.1.1 Von der Zahlungssperre erfasstes Guthaben

Das Kreditinstitut darf erst einen Monat nach Zustellung eines Überweisungsbeschlusses von der Pfändung erfasstes Guthaben an den Pfändungsgläubiger auszahlen (§ 835 Abs. 3 Satz 2 ZPO). Guthaben, das nach Zustellung des Überweisungsbeschlusses entsteht, ist von der Pfändung ebenfalls erfasst (§ 833a ZPO). Auch für dieses Guthaben gilt die Zahlungssperre des § 835 Abs. 3 Satz 2 ZPO für die Dauer von einem Monat ab Zustellung des Überweisungsbeschlusses.

Nach bisher geltender Rechtslage bestand die Zahlungssperre nicht für einen Monat, sondern für vier Wochen. Die Umstellung soll der Vereinheitlichung der Fristen im Zusammenhang mit der Pfändung von Konten dienen und damit die Rechtsanwendung erleichtern.[1]

### 8.1.2 Auswirkung der einmonatigen Zahlungssperre (§ 835 Abs. 3 Satz 2 ZPO)

Die Zahlungssperre bewirkt nur eine Verzögerung der Auszahlung des gepfändeten Guthabens an den Gläubiger, um dem Kontoinhaber als Schuldner Gelegenheit zu geben, das gepfändete Girokonto in ein Pfän-

1 Bundestags-Drucksache 19/19850, S. 27.

dungsschutzkonto umzuwandeln und gegebenenfalls einen höheren Pfändungsfreibetrag geltend zu machen.

### 8.1.3 Verfügungen des Kontoinhabers während der Zahlungssperre

Verfügungen des Kontoinhabers sind auch während der einmonatigen Zahlungssperre im Rahmen des Pfändungsfreibetrags möglich. Voraussetzung ist, dass das Konto als Pfändungsschutzkonto geführt wird.

### 8.1.4 Berücksichtigung der Zahlungssperre bei mehreren Kontopfändungen

Geht innerhalb eines Monats nach der ersten Kontopfändung ein weiterer Pfändungs- und Überweisungsbeschluss ein, so gilt auch für diesen eine einmonatige Zahlungssperre nach § 835 Abs. 3 Satz 2 ZPO. Bei mehrfacher Pfändung des Guthabens eines Pfändungsschutzkontos muss aber genau unterschieden werden, welche Auskehrsperrfrist zur Anwendung kommt: Die Monatsfrist des Moratoriums nach § 835 Abs. 3 Satz 2 ZPO („Wird ein bei einem Kreditinstitut gepfändetes Guthaben [...] dem Gläubiger überwiesen [...]") bezieht sich auf den sogenannten Zustellungssaldo, also auf das pfändbare Guthaben, das im Zeitpunkt der Zustellung des Überweisungsbeschlusses auf dem Konto – welches noch nicht in ein Pfändungsschutzkonto umgewandelt wurde – vorhanden ist. Die „Monatsanfangsregel" des § 900 Abs. 1 1. Halbs. ZPO – ehemals § 835 Abs. 4 Satz 1 ZPO a. F. – („Wird künftiges Guthaben auf einem Pfändungsschutzkonto [...] gepfändet und dem Gläubiger überwiesen [...]") bezieht sich hingegen auf zukünftiges Guthaben, also solches Guthaben, das erst nach Zustellung des Überweisungsbeschlusses dem Pfändungsschutzkonto gutgeschrieben worden ist.

Für die zweite Pfändung ist daher zu unterscheiden, ob im Zeitpunkt der Zustellung des Überweisungsbeschlusses pfändbares Guthaben, also Guthaben, das den Pfändungsfreibetrag der ersten Pfändung übersteigt, vorhanden ist. Für dieses pfändbare Guthaben gilt die Monatsfrist des § 835 Abs. 3 Satz 2 ZPO. Ist im Zeitpunkt der Zustellung des Überweisungsbeschlusses kein pfändbares Guthaben auf dem Pfändungsschutzkonto vorhanden, so kommt eine Anwendung dieser Monatsfrist nicht in Betracht.

In beiden Fällen gilt aber für zukünftiges Guthaben die „Monatsanfangsregel".

**Beispiel:**

Der erste Überweisungsbeschluss über 300 Euro wird am 20. September zugestellt. Der Kapitalsaldo des Kontos beträgt in diesem Zeitpunkt 1.700 Euro; der Pfändungsfreibetrag beträgt (zur Vereinfachung gerundet) 1.200 Euro. Somit unterliegen 300 Euro der Pfändung. Das Kreditinstitut als Drittschuldner darf erst einen Monat nach Zustellung des Überweisungsbeschlusses an den Pfändungsgläubiger zahlen (§ 835 Abs. 3 Satz 2 ZPO).

Am 22. September wird der zweite Überweisungsbeschluss über 900 Euro zugestellt. Es ist pfändbares Guthaben in Höhe von 200 Euro auf dem Konto (1.700 Euro Kapitalsaldo minus 1.200 Euro Pfändungsfreibetrag minus 300 Euro gepfändetes Guthaben). Wegen dieses pfändbaren Betrags gilt das einmonatige Moratorium des § 835 Abs. 3 Satz 2 ZPO. Auf die weiteren 700 Euro ist dieses Moratorium hingegen nicht anwendbar, weil es nicht den Zustellungssaldo am 22. September betrifft, sondern das nach dem 22. September entstehende, zukünftige Guthaben. Für dieses Guthaben gilt die Monatsanfangsregel des § 900 Abs. 1 1. Halbs. ZPO, wonach erst nach Ablauf des auf die Gutschrift folgenden Kalendermonats an den Pfändungsgläubiger gezahlt werden darf.

Zu der Fortschreibung der Pfändungsfreibeträge bei mehreren Kontopfändungen siehe Abschnitt 8.9.

### 8.1.5 Gerichtlich festgestellte Zahlungssperre nach § 835 Abs. 3 Satz 2 2. Halbs. ZPO für jede Gutschrift aus eingehenden Zahlungen

Der Antrag nach § 835 Abs. 3 Satz 2 2. Halbs. ZPO, dass bei der Pfändung künftigen Guthabens die einmonatige Zahlsperre für jeden Zahlungseingang gilt, bezieht sich auf einen konkreten Pfändungs- und Überweisungsbeschluss und nicht auf alle Pfändungen des Kontos. Es ist somit für die Bearbeitung jeder Pfändungsmaßnahme zu prüfen, ob für diese ein gerichtlicher Beschluss nach § 835 Abs. 3 Satz 2 2. Halbs. ZPO vorliegt.

Die Wirkung dieser Monatsfrist ist die gleiche wie die der Frist nach § 835 Abs. 3 Satz 2 1. Halbs. ZPO: Sie bewirkt eine Verzögerung der Auszahlung an den Pfändungsgläubiger, nicht aber eine Berücksichtigung des Freibetrags eines Folgemonats, der in diese Monatsfrist fällt. Der Antrag nach

§ 835 Abs. 3 Satz 2 2. Halbs. ZPO kann sinnvoll sein, um etwa bei Personen mit saisonalen Einkünften sicherzustellen, dass diese nach der Gutschrift einer solchen saisonalen Einkunft auf ihrem Pfändungsschutzkonto innerhalb der Monatsfrist einen Antrag beim Gericht auf Pfändungsschutz nach § 906 Abs. 2 ZPO stellen können.

### 8.1.6 Zahlungssperre auch für Sparkonten und andere Konten

Die einmonatige Zahlungssperre gilt auch für Sparkonten und für alle anderen Konten, auf denen Zahlungseingänge verbucht werden können. Auch wenn die Norm ihrer Ausrichtung nach Girokonten, d. h. Konten des Zahlungsverkehrs, vor Augen haben dürfte, gibt der Wortlaut keine Anhaltspunkte dafür, den Anwendungsbereich auf diese Konten zu beschränken.

## 8.2 Wirkung der Umwandlung in ein Pfändungsschutzkonto nach Kontopfändung

Guthaben auf einem Konto ist grundsätzlich nur dann im Rahmen der Pfändungsfreibeträge nicht von der Pfändung erfasst, wenn das Konto im Zeitpunkt der Pfändung als Pfändungsschutzkonto geführt wird (§ 899 Abs. 1 Satz 1 ZPO). Unter bestimmten Voraussetzungen kann Pfändungsschutz auch nachträglich erlangt werden.

### 8.2.1 Umwandlung in ein Pfändungsschutzkonto innerhalb der Monatsfrist (§ 899 Abs. 1 Satz 2 ZPO)

Insbesondere da seit Januar 2012 Pfändungsschutz bei Kontopfändungen nur noch auf Pfändungsschutzkonten zu erlangen ist, muss auch derjenige geschützt werden, der sein Girokonto im Zeitpunkt der Pfändung noch nicht als Pfändungsschutzkonto geführt hat.

Das Guthaben auf einem Girokonto unterliegt dem Pfändungsschutz wie das Guthaben auf einem Pfändungsschutzkonto, wenn das Girokonto vor Ablauf von einem Monat seit der Zustellung des Überweisungsbeschlusses an das Kreditinstitut in ein Pfändungsschutzkonto umgewandelt wird (§ 899 Abs. 1 Satz 2 ZPO). Das gilt auch dann, wenn während der Monatsfrist ein neuer Kalendermonat beginnt. Für die Monatsfrist kommt es auf den Zeitpunkt der Umstellung durch das Kreditinstitut und nicht auf den Zeitpunkt an, zu dem der Kontoinhaber die Umstellung begehrt. Die Umstellungsfrist von drei Tagen gemäß § 850k Abs. 2 Satz 1 ZPO ist jedoch auch zu beachten; danach muss die Umstellung durch das Kreditinstitut „zum Beginn des vierten auf das Verlangen folgenden Geschäftstages" erfolgen.

Auf das im Zeitpunkt der Zustellung des Pfändungs- und Überweisungsbeschlusses auf dem Konto vorhandene Guthaben ist aber nur der – gegebenenfalls nachträglich korrigierte – Pfändungsfreibetrag des Monats anzuwenden, in dem die Zustellung erfolgt: Ein Kalendermonatswechsel innerhalb der Monatsfrist des § 835 Abs. 3 ZPO hat nicht zur Folge, dass sich der Pfändungsschutz für das im Zeitpunkt der Zustellung vorhandene Guthaben nachträglich um den Pfändungsfreibetrag des nächsten Kalendermonats erhöht.

Schuldner (Kontoinhaber) und Gläubiger sind so zu stellen, als wäre das Girokonto im Zeitpunkt der Zustellung des Pfändungs- und Überweisungsbeschlusses bereits als Pfändungsschutzkonto geführt worden.

### 8.2.2 Umwandlung in ein Pfändungsschutzkonto nach Ablauf der Monatsfrist

Erfolgt die Umwandlung eines Girokontos in ein Pfändungsschutzkonto erst nach Ablauf von einem Monat nach Zustellung des Überweisungsbeschlusses, so wirkt die Umwandlung nur in die Zukunft. Im Zeitpunkt der Umstellung des Girokontos in ein Pfändungsschutzkonto vorhandenes Guthaben bleibt von der Pfändung erfasst; nur das nach Umwandlung entstehende Guthaben ist im Rahmen der Pfändungsfreibeträge des Pfändungsschutzkontos pfändungsgeschützt. Es gibt dann keine Rückwirkung.

### 8.2.3 Umwandlung nach Vorpfändung, Arrestpfändung und Sicherungspfändung

Die Rückwirkung der Umwandlung eines Kontos in ein Pfändungsschutzkonto ist auf die Zeit von einem Monat nach Zustellung des Überweisungsbeschlusses an den Drittschuldner beschränkt (§ 899 Abs. 1 Satz 2 ZPO). Bei der Vorpfändung, Arrestpfändung und Sicherungspfändung wird kein Überweisungsbeschluss zugestellt, sie haben aber gleichwohl zur Folge, dass der Kontoinhaber über das Guthaben auf seinem nicht als Pfändungsschutzkonto geführten Girokonto nicht mehr verfügen darf. Allerdings erhält der Gläubiger noch nicht die Möglichkeit, das Guthaben ohne Mitwirkung des Schuldners einzuziehen. Diese Möglichkeit erhält er erst mit der Zustellung des Überweisungsbeschlusses an den Drittschuldner.

Auch bei Vorpfändungen, Arrestpfändungen und Sicherungspfändungen ist eine rückwirkende Umwandlung des Girokontos in ein Pfändungsschutzkonto möglich. Die Umwandlung wirkt auf den Zeitpunkt der Benachrichtigung des Kreditinstituts über die Vorpfändung bzw. auf den Zeitpunkt der Zustellung der Arrest- oder Sicherungspfändung zurück. Die Rückwirkung ist vor Ablauf von einem Monat seit der Zustellung des Überweisungsbeschlusses an das Kreditinstitut (§ 899 Abs. 1 Satz 2 ZPO) möglich.

Die Umwandlung mit der Folge der Rückwirkung ist aber auch schon vor Zustellung des Überweisungsbeschlusses, also vor Beginn der Monatsfrist des § 899 Abs. 1 Satz 2 ZPO, möglich. Ansonsten wäre der Kontoinhaber im Falle einer Pfändung ohne gleichzeitige Zustellung eines Überweisungsbeschlusses oder eine Benachrichtigung über die Vorpfändung insofern schutzlos, als er über das Guthaben auf seinem Konto nicht verfügen könnte, das in dem Zeitpunkt der Zustellung des Pfändungsbeschlusses bzw. im Zeitpunkt der Benachrichtigung über die Vorpfändung auf dem Konto verbucht ist. Er wäre also bei diesen Maßnahmen, die der Sicherung der späteren Zwangsvollstreckung dienen, schlechter gestellt als bei einer Zustellung eines Pfändungs- und Überweisungsbeschlusses.

## 8.3 Berücksichtigung von Verfügungen vor Kontopfändung

Verfügungen des Kontoinhabers im laufenden Monat vor Zustellung des Pfändungs- und Überweisungsbeschlusses werden auf den Pfändungsfreibetrag nicht angerechnet. Die Wirkung des Pfändungsschutzkontos tritt erst mit Zustellung des Überweisungsbeschlusses ein.[1] Pfändungs- und Überweisungsbeschluss erfolgen in der Regel zeitgleich, die Wirkungen des Pfändungsschutzrechts knüpft der Gesetzgeber aber an die Zustellung des Überweisungsbeschlusses.

## 8.4 Maßgeblicher Zeitpunkt für die Berücksichtigung des Freibetrags

Für die Anrechnung von Verfügungen auf den Freibetrag ist der Dispositionssaldo und nicht der Kapitalsaldo des Girokontos maßgeblich. Dispositionssaldo ist derjenige Saldo, der sich unter Berücksichtigung solcher Verfügungen ergibt, die vom Kontoinhaber bereits getätigt worden und für das Kreditinstitut auch als solche schon erkennbar sind, die aber noch nicht gebucht wurden.

## 8.5 Pfändungsschutz nur für Guthaben

Auf einem Pfändungsschutzkonto wird gemäß § 899 Abs. 1 ZPO Pfändungsschutz nur für Guthaben gewährt. Wenn der Kontoinhaber kein Guthaben auf seinem Konto hat, wird dieser Umstand über die Regelungen zum Pfändungsschutzkonto nicht geheilt.

Für im Zeitpunkt der Umwandlung im Debit geführte Konten siehe Kapitel 3.

1 Siehe für die alte Rechtslage, die jedoch nach wie vor Gültigkeit hat: BT-Drucks. 16/7615, S. 18.

## 8.6 Übertragung von geschütztem Guthaben in den Folgemonat

### 8.6.1 Keine Übertragung abstrakter Freibeträge

Soweit der Schuldner in dem jeweiligen Kalendermonat nicht über Guthaben in Höhe des nach Satz 1 pfändungsfreien Betrags verfügt hat, wird dieses Guthaben in den folgenden drei Kalendermonaten zusätzlich zu dem nach § 899 Abs. 1 Satz 1 ZPO geschützten Guthaben nicht von der Pfändung erfasst (§ 899 Abs. 2 Satz 1 ZPO). Nach früherer Rechtslage war eine Übertragung von nicht verbrauchten Freibeträgen nur einmal, also nur in den folgenden Monat, möglich. Die erweiterte Übertragungsmöglichkeit verfolgt das sozialpolitische Ziel, dass der Kontoinhaber höhere Geldbeträge ansparen kann, um größere Anschaffungen leichter vornehmen zu können.[1]

Es kann nur Guthaben, das in einem Monat vom Pfändungsfreibetrag geschützt war, in den nächsten Monat übertragen werden, nicht aber ein abstrakter Freibetrag, der nicht in Anspruch genommen worden ist, weil kein ausreichendes Guthaben in dem betreffenden Monat auf dem Konto zur Verfügung stand. Soll ein nicht verbrauchter Freibetrag in die nächsten Monate übertragen werden, muss er also durch entsprechendes Guthaben auf dem Konto gedeckt sein. Nur dieses nicht verbrauchte Guthaben, das nicht von der Pfändung erfasst worden ist (sogenanntes pfändungsfreies Guthaben), kann übertragen werden.

### 8.6.2 Keine Übertragung in den vierten Monat

Nach alter Rechtslage war eine Übertragung von nicht verbrauchten Freibeträgen nur in den folgenden Monat möglich. Gelegentlich ist es vorgekommen, dass dieses Guthaben mit Ablauf des nächsten Monats immer noch nicht verbraucht worden war. In diesem Zusammenhang hatte sich die Frage gestellt, ob Guthaben auch noch in den übernächsten Monat übertragen werden kann. Dies wurde vereinzelt mit der Begründung bejaht, dass dem Schuldner monatlich der im Gesetz genannte Pfändungsfreibetrag zu belassen sei und eine Auskehrung an den Gläubiger nicht in Betracht komme, wenn das Guthaben nicht die Höhe des Pfändungsfrei-

1 BT-Drucks. 19/19850, S. 37.

betrags erreicht.[1] Diese Auffassung hat sich jedoch nicht durchgesetzt.[2] Freibeträge wurden und werden nur kalendermonatsweise gewährt.

Durch die Möglichkeit nach geltender Rechtslage, Freibeträge nicht nur in den Folgemonat, sondern für drei Monate zu übertragen, dürfte sich das Problem praktisch erledigt haben.

### 8.6.3 Übertragung von Erhöhungsbeträgen und gerichtlich bestimmten Freibeträgen

Anders als es der Wortlaut von § 899 Abs. 2 Satz 1 ZPO vermuten lässt, bezieht sich die dreimonatige Übertragungsmöglichkeit nicht allein auf den Grundfreibetrag aus § 899 Abs. 1 Satz 1 ZPO. Auch die Erhöhungsbeträge und die gerichtlich bestimmten Freibeträge können drei Monate übertragen werden.

Dies gilt auch für einmalige Geldleistungen gemäß § 902 Satz 1 Nr. 2 ZPO. Da es sich hierbei um „einmalige" Geldleistungen handelt, werden sie nur für den jeweiligen Monat bei der Berechnung des Freibetrags berücksichtigt. Für die Übertragung von geschütztem Guthaben in die Folgemonate ist es jedoch nicht erheblich, ob der Freibetrag aufgrund einmaliger Geldleistung erhöht worden ist oder aus einem anderen Grund gewährt wird. Auch Guthaben, das von einem wegen einmaliger Geldleistungen erhöhten Freibetrag geschützt ist, aber im laufenden Monat nicht genutzt worden ist, wird (maximal dreimal) in die Folgemonate übertragen.

## 8.7 Reihenfolge der Anrechnung auf Freibeträge

Weil nicht verbrauchte Freibeträge mit Ablauf des dritten Übertragungsmonats an pfändende Gläubiger ausgekehrt werden müssen, ist bei Kon-

1 AG Neumünster, Urt. v. 15.11.2011, 32 C 746/11.

2 AG Dorsten, Urt. v. 12.01.2012 – 21 C 314/11; AG Torgau, Beschluss vom 21.03.2011 – 1 C 433/10; AG Würzburg, Urt. v. 08.05.2012 – 15 C 619/12; LG Dresden, Urt. v. 31.05.2012; LG Essen, Urt. v. 21.06.2012 – 10 S 33/12; LG Bielefeld, Urt. v. 10.07.2013 – 21 S 202/12; LG Mosbach, Urt. v. 25.09.2013 – 5 S 13/13; AG Hamburg-Wandsbek, Urt. v. 18.04.2013 – 714 C 297/12.

toverfügungen darauf zu achten, dass diese auf die ältesten Gutschriften angerechnet werden (First-in-First-out-Prinzip).

Dieser Grundsatz galt bereits nach alter Rechtslage und ergab sich aus einer entsprechenden Anwendung von § 366 Abs. 2 BGB.[1] Mit dem Pfändungsschutzkonto-Fortentwicklungsgesetz ist dieser Grundsatz ausdrücklich in das Pfändungsschutzkontorecht mit aufgenommen worden (§ 899 Abs. 2 Satz 2 ZPO).

## 8.8 Verzögerung der Auszahlung gepfändeten Guthabens an den Gläubiger

### 8.8.1 Grundsatz

Wird künftiges Guthaben auf einem Pfändungsschutzkonto gepfändet und dem Gläubiger überwiesen, darf der Drittschuldner erst nach Ablauf des nächsten auf die jeweilige Gutschrift von eingehenden Zahlungen folgenden Kalendermonats an den Gläubiger leisten oder den Betrag hinterlegen (§ 900 Abs. 1 Satz 1 1. Halbs. ZPO). Das heißt, dass Guthaben auf dem Pfändungsschutzkonto, das den Pfändungsfreibetrag übersteigt und daher von der Pfändung erfasst ist und dem Gläubiger zusteht, von dem Kreditinstitut nicht sofort an den Gläubiger ausgezahlt werden darf, sondern erst nach Ablauf des folgenden Kalendermonats.

### 8.8.2 Hintergrund: Monatsanfangsproblem

Bis zur Gesetzesänderung im April 2011[2] wurde Guthaben auf einem gepfändeten Pfändungsschutzkonto, das den Pfändungsfreibetrag überstieg, sofort an den Gläubiger ausgezahlt. Es wurde allerdings festgestellt, dass diese Regelung Schwierigkeiten für die Inhaber gepfändeter Pfändungsschutzkonten mit sich bringen konnte. Diese entstanden durch die Zahlung von Leistungen am Monatsende und am Anfang des nächsten

1 BT-Drucks. 19/19850, S. 35.

2 Artikel 3 des Zweiten Gesetzes zur erbrechtlichen Gleichstellung nichtehelicher Kinder, zur Änderung der Zivilprozessordnung und der Abgabenordnung vom 12.04.2011 (BGBl. 2011 I, S. 615).

Monats. Das sogenannte Monatsanfangsproblem trat auf, wenn bereits am Ende eines Kalendermonats eine laufende Geldleistung für den Folgemonat – beispielsweise Arbeitslohn, Arbeitslosengeld, Sozialhilfe oder Sozialrente – einem gepfändeten Pfändungsschutzkonto gutgeschrieben wurde und der Freibetrag für den Monat der Gutschrift bereits vom Kontoinhaber verbraucht worden war. Das durch diese Zahlung entstehende Guthaben war, weil es den Pfändungsfreibetrag dieses Monats überstieg, von dem Kreditinstitut an den Gläubiger auszuzahlen, sodass der Kontoinhaber regelmäßig bis zum Ende des folgenden Kalendermonats über keine liquiden Mittel auf seinem Pfändungsschutzkonto verfügte. Der Freibetrag des nächsten Monats, für den diese laufende Geldleistung gezahlt wurde, konnte die Gutschrift noch nicht schützen, da der Freibetrag erst für den folgenden Monat galt und daher nur solche Zahlungen schützen konnte, die im Folgemonat selbst zu entsprechendem Guthaben führten.

### 8.8.3 Gesetzliche Lösung des Monatsanfangsproblems im Jahr 2011

Zur Beseitigung des sogenannten Monatsanfangsproblems hatte der Deutsche Bundestag eine Änderung der gesetzlichen Regelung zum Pfändungsschutzkonto beschlossen, die im April 2011 in Kraft getreten war. Die Regelung war zunächst in § 835 Abs. 4 ZPO a. F. enthalten. Mit dem Pfändungsschutzkonto-Fortentwicklungsgesetz ist sie jetzt in § 900 Abs. 1 Satz 1 1. Halbs. ZPO geregelt:

*§ 900 Abs. 1 Satz 1 1. Halbs. ZPO:*

*Wird künftiges Guthaben auf einem Pfändungsschutzkonto gepfändet und dem Gläubiger überwiesen, darf der Drittschuldner erst nach Ablauf des Kalendermonats, der auf die jeweilige Gutschrift folgt, an den Gläubiger leisten oder den Betrag hinterlegen;*

### 8.8.4 Verzögerung der Auszahlung an den Gläubiger und Verfügungsmöglichkeit des Schuldners

Das Kreditinstitut ist verpflichtet, das an den Gläubiger auszukehrende Guthaben, also das Guthaben, das den aktuellen Pfändungsfreibetrag übersteigt, nicht vor Ablauf des auf den Zahlungseingang folgenden Kalendermonats auszuzahlen (§ 900 Abs. 1 Satz 1 1. Halbs. ZPO).

Der Kontoinhaber kann über das der Pfändung unterliegende und somit dem Pfändungsgläubiger zustehende, aber nach § 900 Abs. 1 Satz 1 1. Halbs. ZPO erst später an den Gläubiger auszuzahlende Guthaben im Rahmen des Freibetrags des Folgemonats verfügen. Dies ergibt sich aus der Formulierung des § 900 Abs. 2 ZPO.

Die Regelungen in § 900 Abs. 1 Satz 1 1. Halbs. und Abs. 2 ZPO führen somit zu folgendem Ergebnis: Das Guthaben auf dem Pfändungsschutzkonto, das den Pfändungsfreibetrag des Monats, in dem die Gutschrift erfolgt, übersteigt, unterliegt der Pfändung (Umkehrschluss aus § 899 Abs. 1 Satz 1 ZPO). Dieses der Pfändung unterliegende Guthaben darf von dem Kreditinstitut erst nach Ablauf des auf die Gutschrift folgenden Kalendermonats an den Pfändungsgläubiger gezahlt werden (§ 900 Abs. 1 Satz 1 1. Halbs. ZPO). Der Kontoinhaber kann im folgenden Kalendermonat über dieses, der Pfändung bereits unterliegende Guthaben im Rahmen seines Freibetrags des folgenden Kalendermonats verfügen (§ 900 Abs. 2 ZPO). Dieses Guthaben wird also so behandelt wie sonstiges Guthaben, das durch Einzahlung auf dem Konto entsteht. Wird über das Guthaben nach § 900 Abs. 1 ZPO vom Kontoinhaber nicht innerhalb des nächsten Monats verfügt, so wird es – soweit es von dem Pfändungsfreibetrag dieses Monats erfasst ist – nicht an den Gläubiger ausgekehrt, sondern als pfändungsgeschütztes Guthaben nunmehr bis zu dreimal in den jeweils folgenden Monat übertragen (§ 900 Abs. 1 Satz 1 1. Halbs. ZPO).

Verunsicherung war durch eine Entscheidung des Bundesgerichtshofs vom 4. Dezember 2014 (IX ZR 115/14) eingetreten, die dahingehend interpretiert wurde, dass Gutschriften, die am Monatsende für den Folgemonat eingehen, nicht nur im Folgemonat, sondern auch im dann darauffolgenden Monat noch pfändungsgeschützt sind. Das hätte nach alter Rechtslage eine zweimalige (statt einmalige) Übertragungsmöglichkeit bedeutet. Der dahinterstehende Gedanke war, dass der Empfänger der Leistung nicht schlechter gestellt werden dürfe, wenn die Gutschrift bereits zum Ende des Vormonats erfolgt. Diese Sichtweise wandte allerdings eine Regelung für „gepfändetes Guthaben" (§ 835 Abs. 4 ZPO a. F.) auf „pfändungsfreies Guthaben" an[1] und verkannte den pauschalen Ansatz des Pfändungsschutzkontos. Danach kommt es nicht darauf an, welche Leistung verbucht wird, sondern ob der Pfändungsschutzkontoinhaber

1 Sehr instruktiv hierzu: Saager, Pfändungsschutzkonto: Vom Monatsanfangsproblem und anderen Problemen beim Monatswechsel, ZVI 2015, 317 ff.

noch einen ausreichenden Freibetrag hat. Jede Abweichung von diesem Pauschalierungsprinzip würde die Systematik des Pfändungsschutzkontos zerstören und dessen EDV-technische Bearbeitung unmöglich machen. Der Gesetzgeber hat die missglückte BGH-Entscheidung nunmehr in § 900 Abs. 1 Satz 1 2. Halbs. ZPO aufgefangen, indem er regelt, dass durch die „Monatsanfangsregelung" eine Verlängerung des in § 899 Abs. 2 ZPO bezeichneten Zeitraums (also die dreimalige Übertragungsmöglichkeit in den Folgemonat) nicht erfolgt.

### 8.8.5 Abweichende Anordnung des Vollstreckungsgerichts

Nach § 900 Abs. 1 Satz 2 ZPO kann das Vollstreckungsgericht eine abweichende Anordnung treffen. Diese Möglichkeit ist für Härtefälle auf Seiten des Gläubigers vorgesehen.[1] Das Gesetz enthält keine Vorgaben dazu, unter welchen Voraussetzungen das Vollstreckungsgericht eine abweichende Anordnung treffen darf oder muss; die Entscheidung ist somit vollständig in das Ermessen des Gerichts gestellt.

## 8.9 Fortschreibung der Freibeträge bei mehreren Pfändungen

### 8.9.1 Grundsatz

Ist das Guthaben eines Pfändungsschutzkontos mit mehreren Pfändungen belegt, so wird die Bank nach der Reihenfolge der Eingänge die jeweils gepfändeten Guthaben an die Pfändungsgläubiger auskehren.

Die Freibeträge werden fortgeschrieben, wenn ein Pfändungsgläubiger befriedigt worden ist und die nächste Pfändung bedient wird. Ist jedoch eine Pfändung dadurch beendet worden, dass der Pfändungsgläubiger befriedigt worden ist und wird ein weiterer Pfändungs- und Überweisungsbeschluss erst danach, aber noch im selben Kalendermonat zugestellt, so werden die Freibeträge für den laufenden Monat – unabhängig davon, ob sie bei der vorangegangenen Pfändung bereits für den laufenden Monat gewährt worden sind – nochmals vollständig berücksichtigt.

1 BT-Drucks. 19/19850, S. 36.

Eine formalisierende Betrachtungsweise, die sich auf den Wortlaut von § 899 Abs. 1 Satz 1 ZPO stützt, der für den Freibetrag an die Pfändung anknüpft („Wird das Guthaben [...] gepfändet"), ist abzulehnen. Danach würde mit jeder Pfändung eine neue Berechnung der Freibeträge beginnen, unabhängig davon, ob sich die Pfändungsmaßnahmen nahtlos aneinander anschließen oder ob dazwischen eine Zeitspanne liegt, in der das Konto nicht von einer Pfändung erfasst ist. Dies würde zu einer ungerechtfertigten Bevorzugung des Schuldners/Kontoinhabers führen, dem nicht nur die Deckung seines Lebensunterhalts ermöglicht, sondern trotz fortdauernder Pfändungswirkung ein weiterer Pfändungsfreibetrag zugestanden würde. Auch würde dies zu einer ungerechtfertigten und unangemessenen Benachteiligung des Pfändungsgläubigers führen, dem ansonsten der Pfändung unterworfenes Vermögen des Schuldners entzogen wird. Diese Benachteiligung der Gläubiger ist vom Gesetzgeber nicht ausdrücklich gewollt und entspricht auch nicht dem Sinn und Zweck der Einführung von Pfändungsschutzkonten.[1]

Somit sind Freibeträge fortzuschreiben, solange die Befriedigung eines Gläubigers wegen einer Kontopfändung nahtlos an die Befriedigung desselben oder eines anderen Gläubigers wegen einer anderen Kontopfändung anschließt. Gleiches gilt für gleichrangige Forderungen: Auch hier ist nur ein Freibetrag je Monat und nicht ein Freibetrag je Monat und Pfändungs- und Überweisungsbeschluss zu gewähren.

## 8.9.2 Besonderheiten bei Unterhaltspfändungen

Besonders zu betrachten ist die Situation, wenn zeitlich nach der Pfändung durch einen Gläubiger eine Unterhaltspfändung erfolgt. Bei einer Pfändung wegen Unterhalts – und seit dem Pfändungsschutzkonto-Fortentwicklungsgesetz auch wegen einer Pfändung aufgrund einer vorsätzlich begangenen unerlaubten Handlung – tritt (automatisch) anstelle des Sockelfreibetrags zuzüglich eventueller Erhöhungen der vom Vollstre-

1 Mit Einführung des Pfändungsschutzkontos sollte erreicht werden, dass der Kontoinhaber trotz Kontopfändung über die für seinen täglichen Lebensunterhalt erforderlichen finanziellen Mittel verfügen kann. In der amtlichen Begründung zum Regierungsentwurf (vgl. BT-Drucks. 16/7615, S. 2) heißt es dazu: „Werden typischerweise der Existenzsicherung dienende Einkünfte des Schuldners auf seinem sogenannten P-Konto gutgeschrieben, kann der Schuldner im Rahmen der Pfändungsfreigrenzen für Arbeitseinkommen die Geldgeschäfte des täglichen Lebens wie etwa Zahlung von Miete, Wasser und Energie trotz der Pfändung vornehmen".

ckungsgericht im Pfändungsbeschluss belassene Betrag zuzüglich eventueller Erhöhungen (§ 906 Abs. 1 Satz 1 ZPO).

Somit sind in dem Fall regelmäßig zwei (unterschiedliche) Freibeträge zu berücksichtigen. Gegenüber dem ersten „normalen" Pfändungsgläubiger darf der Kontoinhaber mehr Guthaben auf dem Pfändungsschutzkonto für sich in Anspruch nehmen als gegenüber dem zweiten Pfändungsgläubiger, der wegen Unterhaltsforderungen pfändet und zu dessen Gunsten das Gericht einen geringeren Pfändungsfreibetrag festgesetzt hat. Auch wenn die Unterhaltspfändung nachrangig ist (weil sie zeitlich später erfolgte), so steht dem Unterhaltsgläubiger die Differenz aus dem Pfändungsfreibetrag zu, der dem Kontoinhaber gegenüber dem ersten „normalen" Pfändungsgläubiger zusteht, und dem Pfändungsfreibetrag, den das Gericht für die Unterhaltspfändung bestimmt hat.

Ein Beispiel mag dies verdeutlichen: Der Kontoinhaber verfügt über Einnahmen von 1.700 Euro monatlich. Sein Pfändungsfreibetrag beträgt (aus Vereinfachungsgründen abgerundet) 1.200 Euro. Ein Pfändungsgläubiger hat das Guthaben auf dem Pfändungsschutzkonto gepfändet. Danach pfändet ein Unterhaltsgläubiger. Zu seinen Gunsten hat das Gericht den Pfändungsfreibetrag auf 900 Euro reduziert. Das Kreditinstitut darf den Kontoinhaber daher auch nur über 900 Euro im Monat verfügen lassen. Die Differenz zwischen dem monatlichen Eingang von 1.700 Euro und einem Pfändungsfreibetrag von 1.200 Euro steht dem ersten Gläubiger zu. Die Differenz aus dem Pfändungsfreibetrag von 1.200 Euro zugunsten des ersten Pfändungsgläubigers und dem Pfändungsfreibetrag von 900 Euro zugunsten des (zweiten) Unterhaltsgläubigers steht dem Unterhaltsgläubiger zu. Wäre zugunsten des Unterhaltsgläubigers kein abweichender Freibetrag vom Gericht bestimmt worden, würde er aufgrund der Pfändung erst dann eine Zahlung erhalten, wenn die Forderung des vorrangigen Gläubigers vollständig befriedigt ist.

## 8.10 Berücksichtigung von Verfügungen mit Kreditkarten

### 8.10.1 Anrechnung auf den Freibetrag, nicht ausreichender Freibetrag

Bei Zustellung eines Pfändungs- und Überweisungsbeschlusses kann der Kontoinhaber im laufenden Monat bereits mit seiner Kreditkarte Verfügungen vorgenommen haben. Diese können sich auf seinem Girokonto aber erst Wochen später, nach der monatlichen Kreditkartenabrechnung, niederschlagen. Selbst wenn das Kreditinstitut die Kreditkarte sofort mit Eingang des Pfändungs- und Überweisungsbeschlusses sperrt, kann es solche späteren Belastungen nicht verhindern.

Abbuchungen für Kreditkartenforderungen werden, wenn es sich um eine institutsfremde Kreditkarte handelt, wie gewöhnliche Lastschriften behandelt. Das Kreditinstitut wird dann eine Abbuchung im Rahmen des Freibetrags zulassen. Steht kein Pfändungsfreibetrag zur Verfügung, so wird die Lastschrift zurückgegeben.

Von dem Kreditinstitut selbst oder einem Zentralinstitut derselben Institutsgruppe ausgegebene Kreditkarten sind jedoch als garantierte Zahlungen zu behandeln. Hier steht die kartenausgebende Bank dem Händler, der eine Erstattung der Kreditkartenzahlung verlangt, für den jeweiligen mit der Kreditkarte verfügten Betrag ein. Demnach ist das Institut verpflichtet, die Forderungen aufgrund der Kreditkartenabrechnung auszugleichen. Auch bei nicht ausreichendem Kontoguthaben wird daher das Girokonto des Kreditkarteninhabers belastet. Ist zwar ausreichend Kontoguthaben vorhanden, aber reicht der verbleibende Pfändungsfreibetrag nicht mehr aus, um die Kreditkartenabrechnung zu begleichen, so kann das Kreditinstitut gleichwohl unter Inanspruchnahme des ihm zustehenden AGB-Pfandrechts die Begleichung der Kreditkartenabrechnung aus dem vorhandenen, nicht vom Pfändungsfreibetrag erfassten Guthaben vornehmen (siehe auch folgende Abschnitte).

### 8.10.2 Zeitpunkt der Anrechnung auf den Freibetrag

Verfügungen mit der Kreditkarte und die Belastung des Girokontos fallen zeitlich stets auseinander. Als maßgeblicher Zeitpunkt für die Anrechnung der Verfügung auf den Freibetrag kommt lediglich die (monatliche) Abbuchung aufgrund der Kreditkartenabrechnung in Betracht.

# 8.11 Verfügungen an Geldautomaten

## 8.11.1 Maßgeblichkeit des Dispositionssaldos

Bei Verfügungen an Geldautomaten (Fremdverfügungen) erfolgt die Belastung des Kontos in der Regel erst zwei Tage nach der Verfügung. Für die Anrechnung auf den Pfändungsfreibetrag kommt es nicht auf die Veränderung des Kapitalsaldos, sondern auf die Veränderung des Dispositionssaldos an.[1] Dieser wird im Zeitpunkt der Verfügung am Geldautomaten um den Auszahlungsbetrag aufgrund der sogenannten Autorisierungsabfrage reduziert. Diese Abfrage erfolgt in dem Zeitpunkt, in dem der Karteninhaber sich über seine Karte und Geheimzahl an dem Geldautomaten identifiziert und den gewünschten Betrag angegeben hat. Im System wird geprüft, ob ausreichend Kontoguthaben zur Verfügung steht.

Bei der Anknüpfung an den Dispositionssaldo kann es dazu kommen, dass die Verfügung am Geldautomaten in einem Monat, die Abbuchung vom Konto aber erst im Folgemonat erfolgt. Eine ähnliche Konstellation kann sich ergeben, wenn der Pfändungs- und Überweisungsbeschluss in der Zeit zwischen der Verfügung am Geldautomaten und der Abbuchung vom Konto eingeht.

## 8.11.2 Verfügungen an Geldautomaten im Ausland

Bei Verfügungen an Geldautomaten im Ausland kann es aufgrund der Zeitverschiebung zu der Frage kommen, welche Zeitzone für die Berechnung des Freibetrags maßgeblich ist. Maßgeblich ist die deutsche Zeitzone.

1 Vgl. oben Abschnitt 8.4 „Maßgeblicher Zeitpunkt für die Berücksichtigung des Freibetrags".

### 8.11.3 Berücksichtigung von Gebühren bei Verfügungen an Geldautomaten (Direktkundenentgelt)

Bei Verfügungen an Geldautomaten fremder Institute hat der Kunde an den jeweiligen Geldautomatenbetreiber ein von diesem festzulegendes Entgelt zu entrichten. Die Höhe des Entgelts wird dem Geldautomatennutzer vor seiner Verfügung angezeigt. Das Entgelt des Geldautomatenbetreibers wird bei der Autorisierungsanfrage bei dem kontoführenden Kreditinstitut berücksichtigt, sodass bei der EDV-mäßigen Überprüfung, ob ein ausreichender Pfändungsfreibetrag zur Verfügung steht, nicht nur der Betrag, über den am Geldautomaten verfügt werden soll, berücksichtigt wird, sondern auch das von dem Kontoinhaber zu entrichtende Verfügungsentgelt. Diese Regelung der Entgelte für Verfügungen an Geldautomaten gilt seit dem 15. Januar 2011. Mithin ist es nunmehr aus rechtlichen Gründen nicht mehr erforderlich, in Erwägung zu ziehen, die Verfügungsmöglichkeit des Inhabers eines Pfändungsschutzkontos auf eigene Automaten des Kreditinstituts und gegebenenfalls auf solche innerhalb des eigenen Geldautomatenverbunds zu beschränken.

## 8.12 Rücklastschriften/Rücküberweisung

### 8.12.1 Rücklastschriften

Für Rücklastschriften gibt es verschiedene Anlässe. Die in der Praxis häufigsten sind eine nicht ausreichende Kontodeckung und ein Widerspruch des Kontoinhabers.

Im Falle der nicht ausreichenden Kontodeckung wird die Lastschrift zunächst eingelöst und das Konto – trotz fehlender Deckung – entsprechend belastet. Das kontoführende Kreditinstitut hat ca. eineinhalb Tage Zeit, die Kontobelastung zu prüfen, und kann innerhalb dieser Zeit die Lastschrift zurückgeben, sodass es zu einer Rücklastschrift kommt, also zu einer Gutschrift des zuvor aufgrund der Lastschrift abgebuchten Betrags.

Der Kunde hat die Möglichkeit, im Fall einer autorisierten Lastschrift binnen acht Wochen nach Belastungsbuchung (§ 675x BGB) bzw. innerhalb von 13 Monaten bei nicht autorisierten Lastschriften (§ 676b Abs. 2 BGB) eine Erstattung des belasteten Zahlungsbetrags im Wege einer Wiedergutschrift zu verlangen.

Bei der Lastschrift wird der vorhandene Pfändungsfreibetrag in Anspruch genommen. Reicht dieser für den Lastschriftbetrag nicht mehr aus, wird das kontoführende Kreditinstitut innerhalb der Prüfungsfrist die Lastschrift wegen fehlenden Pfändungsfreibetrags zurückgeben.

Da bei Geltendmachung des Erstattungsanspruchs durch den Kunden das Konto so zu stellen ist, als wäre die Belastungsbuchung nicht erfolgt, ist auch die Anrechnung auf den Freibetrag wieder rückgängig zu machen. Dies ist unabhängig davon möglich, ob zwischenzeitlich eine Auskehrung an den Gläubiger erfolgt ist, denn durch die Rücklastschrift erhält das Konto wieder eine Gutschrift in gleicher Höhe, sodass jedenfalls Guthaben zur Verfügung steht.

Die Rückberechnung wird immer ergeben, dass der Freibetrag des Monats, in dem die Rücklastschrift erfolgt, um den Betrag der Rücklastschrift zu erhöhen ist: Dadurch, dass der Betrag der Lastschrift im Monat der Lastschrift nicht zur Verfügung stand, entsteht bei der Rückberechnung eine Übertragung des nicht genutzten, aber von einem (rückwirkend erhöhten) Freibetrag gedeckten Guthabens in den Folgemonat. Da im Folgemonat bei Rückberechnung ein Guthaben in Höhe der Lastschrift besteht, das ebenfalls nicht genutzt worden ist, entsteht auch in diesem Monat zum Folgemonat ein Übertrag in Höhe des Lastschriftbetrags. Zwar entfällt die Möglichkeit, den nicht genutzten Freibetrag des ersten Monats auch in die folgenden Monate zu übertragen, aber da Verfügungen zunächst auf den übertragenen und danach auf den Freibetrag des aktuellen Monats anzuwenden sind, steht ein nicht genutzter Freibetrag des aktuellen Monats zur Verfügung, der in den Folgemonat – also in den dritten Monat nach Lastschrift – übertragen werden kann. Folglich wird bei einer Rücklastschrift der Freibetrag des Monats, in dem die Rücklastschrift erfolgt, um den Betrag der Rücklastschrift erhöht. Eine rückwirkende Neuberechnung von Freibeträgen und anzurechnenden Verfügungen erübrigt sich somit.

### 8.12.2 Rücküberweisung

Überweist jemand irrtümlich Geld auf ein gepfändetes Pfändungsschutzkonto und fordert den Kontoinhaber auf, das Geld zurück zu überweisen, so ist das im Rahmen des Pfändungsfreibetrags möglich. Mit Gutschrift des Überweisungsbetrags auf dem Pfändungsschutzkonto unterliegt der den Pfändungsfreibetrag übersteigende Teil des durch die Überweisung entstehenden Guthabens der Pfändung. Das gilt unabhängig davon, ob die Überweisung irrtümlich erfolgt ist oder nicht. Um die für den Kontoinhaber ungünstige Folge der Anrechnung der Rücküberweisung auf seinen Pfändungsfreibetrag zu vermeiden, müsste der Überweisende Drittwiderspruchsklage (§ 771 ZPO) erheben und damit „ein die Veräußerung hinderndes Recht" geltend machen. Das Gericht hat dann zu entscheiden, ob der irrtümlich überwiesene Geldbetrag der Pfändung unterliegt oder nicht. Soweit der Kontoinhaber über den irrtümlich überwiesenen Betrag verfügt hat oder er an den Pfändungsgläubiger ausgezahlt worden ist, könnte er sich hinsichtlich des Rückforderungsverlangens des Überweisenden auf Entreicherung berufen. Das Kreditinstitut dürfte aber jedenfalls gut beraten zu sein, sich aus diesem Streit herauszuhalten. Bis eine abweichende Entscheidung eines Gerichts vorliegt, ist das irrtümlich überwiesene Geld genauso wie jede andere Kontogutschrift zu behandeln.

## 8.13 Anrechnung von Darlehenstilgungen auf den Freibetrag

Besteht zwischen dem Kreditinstitut und dem Kontoinhaber neben dem Girovertrag (Pfändungsschutzkonto) auch noch ein Darlehensvertrag und wird die Darlehenstilgung etwa mittels Lastschrift oder Dauerauftrag von dem Girokonto aus vorgenommen, so stellt sich die Frage, inwiefern diese Verfügungen auf dem Pfändungsschutzkonto auf die Freibeträge anzurechnen sind.

Soweit ein AGB-Pfandrecht an dem Guthaben auf dem Girokonto besteht, kann sich das Kreditinstitut aus dem der Pfändung unterliegenden Guthaben vorrangig vor dem Pfändungsgläubiger befriedigen.

Das Kreditinstitut darf sich aber nicht an dem vom Pfändungsfreibetrag geschützten Guthaben befriedigen. Entsprechende Abbuchungen vom Pfändungsschutzkonto dürfen nur erfolgen, wenn der Kontoinhaber dem zustimmt.[1] Die vom Pfändungsfreibetrag geschützten Guthaben sind der Pfändung nämlich nicht unterworfen, sodass an ihnen auch kein AGB-Pfandrecht bestehen kann.

1 Das Einverständnis kann in der Vereinbarung im Darlehensvertrag gesehen werden, die Raten von einem bestimmten Konto abzubuchen. Gegebenenfalls kann eine solche Vereinbarung mit dem Kunden auch nachträglich getroffen werden.

Soweit das Guthaben jedoch nicht von einem Pfändungsfreibetrag geschützt ist, kann das Kreditinstitut das Guthaben zur Erfüllung einer ihm gegenüber – etwa aus einem Darlehensvertrag – bestehenden Forderung abbuchen, wenn ein AGB-Pfandrecht besteht und Pfandreife eingetreten ist, z. B. die Forderung fällig gestellt ist. Eine Auskehrung an den Pfändungsgläubiger kann auch insofern unterbleiben, als das Pfandrecht für die Sicherung der demnächst fälligen Darlehensraten in Anspruch genommen wird.

## 8.14 Vorpfändung (§ 845 ZPO)

Eine Vorpfändung enthält die Ankündigung einer bevorstehenden Pfändungsmaßnahme und die Aufforderung an den Drittschuldner (Kreditinstitut), nicht an den Schuldner (den Kontoinhaber) zu zahlen; die Benachrichtigung an den Drittschuldner hat die Wirkung eines Arrestes (§ 930 ZPO), sofern die Pfändung der Forderung innerhalb eines Monats bewirkt wird (§ 845 Abs. 2 Satz 1 ZPO).

Vorpfändung (und Arrest) dient der Sicherung der späteren Zwangsvollstreckung. Eine Leistung an den Gläubiger aufgrund einer Vorpfändung ist folglich ausgeschlossen. Allerdings ist dem Kontoinhaber im Rahmen der Freibeträge eine Verfügung über sein auf einem Pfändungsschutzkonto befindliches Guthaben zu gestatten; der Gläubiger einer Vorpfändung kann durch diese einstweilige Maßnahme zur Sicherung der Zwangsvollstreckung nicht mehr erlangen (vollständiges Verfügungsverbot für den Pfändungsschuldner), als er durch eine Pfändung erlangen könnte (Verfügung durch den Pfändungsschuldner im Rahmen der Freibeträge).

Für die Führung eines Pfändungsschutzkontos ist die Vorpfändung wie eine Kontopfändung zu behandeln. Mit Zustellung der Vorpfändungsnachricht ist also die Funktion des Pfändungsschutzkontos zu aktivieren, als wäre ein Pfändungs- und Überweisungsbeschluss zugestellt worden. Der Kontoinhaber darf fortan nur noch im Rahmen des Pfändungsfreibetrags über sein Guthaben verfügen.

Erfolgt innerhalb eines Monats ab Zustellung der Benachrichtigung über die Vorpfändung die Zustellung eines Pfändungs- und Überweisungsbeschlusses (§ 845 Abs. 2 ZPO), so setzt sich die Wirkung des Pfändungsschutzkontos nahtlos in der Pfändung fort; die Pfändungsfreibeträge werden fortgeschrieben. Die Monatsfrist des § 835 Abs. 3 Satz 2 ZPO (Zahlungssperre) ist trotz der vorherigen Vorpfändung zu beachten. Erfolgt innerhalb der Monatsfrist nach § 845 Abs. 2 ZPO ab Zustellung der Benachrichtigung über die Vorpfändung keine Zustellung eines Pfändungs- und Überweisungsbeschlusses, so endet die Verfügungsbeschränkung über das Guthaben auf dem Pfändungsschutzkonto mit Ablauf dieser Frist.

Die Monatsfrist nach § 845 Abs. 2 ZPO beginnt mit dem Tag, an dem die Benachrichtigung zugestellt ist (§ 845 Abs. 2 Satz 2 ZPO). Für die Fristberechnung gilt auch im Zivilprozessrecht die Regel, dass die Frist mit Ablauf des nächsten Werktags endet, wenn das Ende der Frist auf einen Sonntag, auf einen allgemeinen Feiertag oder auf einen Sonnabend fällt (§ 222 Abs. 2 ZPO). Fällt also das Ende der Frist des § 845 Abs. 2 Satz 1 ZPO auf einen Sonntag, auf einen allgemeinen Feiertag oder auf einen Sonnabend, so genügt es zur Wahrung der Wirkung der Vorpfändung, wenn die Pfändung erst am folgenden Werktag zugestellt wird.

## 8.15 Arrestpfändung und Sicherungspfändung

Im Zwangsvollstreckungsrecht gibt es die Möglichkeit, auch ohne einen titulierten Anspruch eine Arrestpfändung zu veranlassen. Voraussetzung ist ein Arrestbeschluss oder ein Arresturteil (§ 922 ZPO). Im Strafverfahren kann – auf Antrag der Staatsanwaltschaft oder von Amts wegen – vom Strafrichter ein dinglicher Arrest angeordnet werden (§ 111e StPO). Ein Arrest in bewegliches Vermögen wird durch Pfändung vollzogen, wodurch ein Pfändungspfandrecht entsteht (§ 930 Abs. 1 ZPO). Ein Arrest dient wie die Vorpfändung der Sicherung der späteren Zwangsvollstreckung. Während des Arrests ist eine Leistung des Drittschuldners (Kreditinstitut) an den Gläubiger ausgeschlossen; der Kontoinhaber kann aber, wenn es sich bei dem arrestierten Vermögen um das Guthaben eines Pfändungsschutzkontos handelt, im Rahmen seines Pfändungsfreibetrags über das Guthaben verfügen. Wie bei der Vorpfändung ist zu beachten, dass die Monatsfrist des § 835 Abs. 3 Satz 2 ZPO (Zahlungssperre) erst mit der Zustellung des Überweisungsbeschlusses, nicht aber bereits mit der Zustellung des Arrestbeschlusses oder Arresturteiles beginnt. Anders als bei der Vorpfändung verliert die Pfändung aufgrund eines Arrestbeschlusses oder Arresturteils nicht nach einem Monat ihre Wirkung; dazu bedarf es vielmehr einer Aufhebung des Beschlusses bzw. Urteils durch das Arrestgericht.

Ähnlich verhält es sich bei einer Sicherungsvollstreckung (§ 720a ZPO). In diesem Fall kann der Gläubiger pfänden, sich die gepfändete Geldforderung aber (noch) nicht überweisen lassen. Das Kreditinstitut darf den Kontoinhaber dann zwar nicht mehr über den gepfändeten Geldbetrag verfügen lassen, den gepfändeten Geldbetrag aber auch noch nicht an den Gläubiger auskehren. Soweit sich die Sicherungsvollstreckung auf ein Pfändungsschutzkonto bezieht, bleibt dem Kontoinhaber die Verfügung im Rahmen der Freibeträge möglich. Handelt es sich noch nicht um ein Pfändungsschutzkonto, kann das Konto rückwirkend (§ 899 Abs. 1 Satz 2 ZPO) in ein Pfändungsschutzkonto umgewandelt werden.[1]

## 8.16 Ruhendstellung von Kontopfändungen

### 8.16.1 Ruhendstellung aufgrund privatrechtlicher Vereinbarung

Gesetzlich nicht geregelt, aber in der Praxis häufig, sind Vereinbarungen zwischen Pfändungsgläubiger und Schuldner, dass eine Pfändung ruhend gestellt werden soll (Aussetzung der Pfändung). Hintergrund sind meist Ratenzahlungsvereinbarungen zwischen Gläubiger und Schuldner. Typischerweise wird vereinbart, dass der Schuldner über das Kontoguthaben von der Pfändung unbeschränkt verfügen kann, solange der Gläubiger die Ruhendstellung nicht widerruft oder eine nachrangige Pfändung durch einen anderen Gläubiger bewirkt wird. Unabhängig von einer rechtlichen Verpflichtung beachten Kreditinstitute solche Ruhendstellungsvereinbarungen gelegentlich im Interesse des eigenen Kunden. Es handelt sich also zunächst um eine geschäftspolitische Entscheidung, ob Ruhendstellungsvereinbarungen berücksichtigt werden oder nicht. Hat das Kreditinstitut sein Einverständnis zu der Ruhendstellungsvereinbarung erklärt, so ist es auch verpflichtet, diese Vereinbarung zu berücksichtigen. Auch wenn die Ruhendstellungsvereinbarung – wie das typischerweise der Fall ist – eine Mitwirkungspflicht des Kreditinstituts beinhaltet, etwa bei einem Widerruf durch den Gläubiger oder bei einer Pfändung durch einen nachrangigen Gläubiger die Verfügungsmöglichkeit des Schuldners wieder zu beschränken, ist das Kreditinstitut nicht verpflichtet, die Ru-

1 Siehe oben Kapitel 8 „Kontoführung nach Zustellung eines Pfändungs- und Überweisungsbeschlusses", Abschnitt 8.2.3 „Umwandlung nach Vorpfändung, Arrestpfändung und Sicherungspfändung".

hendstellungsvereinbarung zu beachten oder sein Einverständnis dazu zu erklären.[1]

Gesetzlich geregelt ist ausschließlich der Verzicht des Gläubigers auf seine durch Pfändung und Überweisung zur Einziehung erworbenen Rechte (§ 843 ZPO). Bei einer Ruhendstellung handelt es sich jedoch nicht um einen solchen Verzicht. Dieser hätte zur Folge, dass die durch die Pfändung erlangte Rangstellung verloren geht, was regelmäßig nicht im Interesse des Gläubigers ist. Darüber hinaus ist es nicht möglich, einen Verzicht nach § 843 ZPO unter einer auflösenden Bedingung, also etwa einer späteren Pfändung durch einen anderen Gläubiger, zu erklären. Aus diesen Gründen bedienen sich Gläubiger der gesetzlich nicht geregelten Ruhendstellung. Der Gläubiger kann durch eine Ruhendstellungserklärung gegenüber der Bank nicht einseitig die Rechtswirkungen der Pfändung aussetzen oder ruhend stellen.[2]

Von Ruhendstellungsvereinbarungen wird auch im Rahmen von **Schuldenbereinigungsplänen** Gebrauch gemacht. In solchen Plänen kann beispielsweise vereinbart werden, dass eine von einem einzelnen Gläubiger bereits begonnene Zwangsvollstreckungsmaßnahme so lange ausgesetzt wird, wie der Schuldner seine Verpflichtungen aus dem Schuldenbereinigungsplan erfüllt. Eine Ruhendstellungsvereinbarung ist aber auch in diesen Fällen für das Kreditinstitut nicht verpflichtend und auch nicht zur Wahrung der Interessen der Gläubiger zwingend erforderlich: Ein Schuldenbereinigungsplan, der scheitert, dürfte über kurz oder lang zur Eröffnung eines Insolvenzverfahrens führen. Spätestens ab diesem Zeitpunkt ist die Kontopfändung für den Gläubiger wertlos. Hinzu kommt, dass im Zeitpunkt des Scheiterns des Schuldenbereinigungsplans kein pfändbares Guthaben auf dem Konto vorhanden sein dürfte, weil ansonsten der Schuldenbereinigungsplan erfüllt worden wäre.

### 8.16.2 Ruhendstellung auf gesetzlicher Grundlage

Keine Ruhendstellung in diesem Sinne ist die einstweilige Einstellung oder Beschränkung der Vollstreckungsmaßnahme durch die Vollstreckungsbehörde (z. B. Finanzamt). Diese sind gesetzlich geregelt (§ 258 AO; § 9 Abs. 1 JBeitrO) und müssen vom Kreditinstitut als Drittschuldner

1 BGH, Beschl. v. 02.12.2015 – VII ZB 42/14, Rn 10.

2 Saager, ZVI 2010, 332 (334). A. A. Jäger, ZVI 2010, 325 (327 f.).

beachtet werden. Gleiches gilt für die Beschränkung oder Aufhebung der Zwangsvollstreckung durch das Vollstreckungsgericht (§ 765a ZPO, § 775 Nr. 4 ZPO). Bei einer einstweiligen Einstellung oder Beschränkung der Vollstreckungsmaßnahme durch eine Vollstreckungsbehörde ist allerdings zu unterscheiden, ob es sich um eine (vom Kreditinstitut zu beachtende) Maßnahme nach § 258 AO handelt oder um eine andere, nicht auf dieser Rechtsgrundlage ergehende Ruhendstellungserklärung. Denn § 258 AO wurde zuweilen von Vollstreckungsbehörden als Grundlage für Ruhendstellungen herangezogen, indem sie dem Schuldner gegen Teilzahlungen einen Vollstreckungsaufschub gewährten und den Drittschuldner (Kreditinstitut) anwiesen, bis auf Widerruf keine Beträge auf Grund der Pfändung einzubehalten. Die Pfändungsverfügung wurde aufrechterhalten und sollte gegenüber später zugestellten Pfändungen bzw. Abtretungen vorrangig bleiben. Dieses Vorgehen hat der Bundesfinanzhof (BFH) mit Urteil vom 16. Mai 2017 (VII R 5/16) für unzulässig erklärt. Dabei schließt sich der BFH ausdrücklich der Argumentation des BGH aus dessen Beschluss vom 2. Dezember 2015 an. Die in der ZPO vorgesehenen Möglichkeiten zur Aufhebung oder Einstellung der Zwangsvollstreckung sind danach als abschließend anzusehen. Ein einstweiliger Verzicht auf die Wirkung des Pfandrechts ohne Aufhebung der mit der Pfändung bewirkten Verstrickung ist wegen des Zusammenhangs von Beschlagnahme und Pfandrecht ausgeschlossen. Diese Rechtsgrundsätze überträgt der BFH auf § 309 Abs. 1 AO, der die Pfändung von Geldforderungen für den Anwendungsbereich der AO regelt. Der BFH weist zwar ausdrücklich darauf hin, dass § 258 AO anders als § 765a ZPO neben der einstweiligen Einstellung der Vollstreckung auch die „einstweilige Beschränkung" vorsieht. Er kommt aber zu dem Ergebnis, dass § 309 Abs. 1 AO bei Pfändung einer Geldforderung keine rechtliche Grundlage für eine Modifizierung der Pfändungsverfügung darstellt.

Die einstweilige Einstellung der Vollstreckungsmaßnahme nach § 9 Abs. 1 JBeitrO setzt eine Einwendung gegen die Vollstreckungsmaßnahme voraus. Die einstweilige Einstellung darf nämlich auf dieser Rechtsgrundlage nach deren Wortlaut nur erfolgen, „bis über die Einwendung endgültig entschieden ist". Liegt eine solche Einwendung nicht vor, sondern lediglich ein Antrag oder eine Bitte des Schuldners, die Zwangsvollstreckung einzustellen, so sind die Voraussetzungen des § 9 Abs. 1 JBeitrO nicht erfüllt.

### 8.16.3 Beschränkte und unbeschränkte Ruhendstellungen

Zu unterscheiden ist zwischen Ruhendstellungen, die dem Kontoinhaber eine unbeschränkte Verfügung über sein Kontoguthaben ermöglichen, und beschränkten Ruhendstellungen („Der Schuldner darf mit Ausnahme eines Betrags von xxx Euro über das Konto verfügen."). Im ersten Fall ist die Ruhendstellung wie eine (vorübergehende, rangwahrende) Aussetzung der Pfändungswirkung zu behandeln.

### 8.16.4 Berechnung der Freibeträge nach Ende der Ruhendstellung

Wird die unbeschränkte Ruhendstellung widerrufen oder endet sie auf andere Weise (etwa wegen Zustellung eines weiteren Pfändungs- und Überweisungsbeschlusses), setzt die Berechnung der gesetzlichen Freibeträge neu ein, also ohne Berücksichtigung der in dem Monat bereits vorgenommenen Verfügungen des Kontoinhabers.

Im Fall der beschränkten Ruhendstellung müssten die Freibeträge während der Ruhendstellung fortgeschrieben werden, aber eben nicht in der gesetzlich vorgeschriebenen Höhe, sondern in der in der Ruhendstellungsvereinbarung festgelegten Höhe. Mit Ende der Ruhendstellung gelten wieder die gesetzlichen Freibeträge. Bei Ende einer beschränkten Ruhendstellungsvereinbarung stellt sich die Frage, wie Verfügungen des laufenden Monats auf die Freibeträge anzurechnen sind. Es bestehen grundsätzlich drei mögliche Antworten hierauf:

- ▷ Mit Ende der Ruhendstellungsvereinbarung wird ein neuer Freibetrag gewährt, ohne die Verfügungen des laufenden Monats vor Ende der Ruhendstellungsvereinbarung anzurechnen.
- ▷ Mit Ende der Ruhendstellungsvereinbarung werden rückwirkend alle Verfügungen auf den Freibetrag angerechnet und eine weitere Verfügung über etwaiges Guthaben nur noch in dem Maße zugelassen, in dem der Freibetrag dieses Monats noch zur Verfügung steht.
- ▷ In dem Fall, dass eine Ruhendstellungsvereinbarung in einem Monat getroffen worden ist und im gleichen Monat endet, könnten bei Ende der Ruhendstellungsvereinbarung auch nur solche Verfügungen angerechnet werden, die vor der Ruhendstellungsvereinbarung in dem

Monat erfolgt sind, aber Verfügungen während der Ruhendstellungsphase unberücksichtigt bleiben.

Da die Ruhendstellungsvereinbarung gesetzlich weder geregelt noch vorgesehen ist, kommt es auf die Vereinbarung der Parteien an, welche Rechtsfolgen sich aus ihr ergeben. Jedem Kreditinstitut, das eine Ruhendstellung, also eine Vereinbarung zwischen dem Kontoinhaber und dem Gläubiger, berücksichtigen möchte, ist zu empfehlen, dies nur auf der Grundlage einer dreiseitigen Vereinbarung mit dem Kontoinhaber und dem Gläubiger zu tun. In dieser Vereinbarung wären die Modalitäten, insbesondere auch bei Beendigung der Ruhendstellungsvereinbarung, zu regeln.

Grundsätzlich ist aber festzuhalten, dass der Gesetzgeber auch bei Einführung von Pfändungsschutzkonten Ruhendstellungen nicht vorgesehen hat, obwohl diese in der Praxis häufig vorkommen. Ferner dürfte in der Praxis der Bedarf für eine Ruhendstellungsvereinbarung weitgehend entfallen sein, weil durch die Berücksichtigung von monatlichen Freibeträgen durch das Kreditinstitut dem Kontoinhaber eine Verfügung über sein Kontoguthaben ermöglicht wird.

### 8.16.5 Beeinträchtigung der Rechte anderer Gläubiger

Eine Ruhendstellung darf die Rechte anderer Gläubiger nicht beeinträchtigen.[1] Erklärt ein vorrangiger Gläubiger die von ihm erwirkte Pfändung für ruhend, so verzögert sich der Zeitpunkt der Befriedigung des vorrangigen Gläubigers und damit der Zeitpunkt, ab dem die Befriedigung des nachrangigen Gläubigers beginnt. Aus diesem Grunde ist bei einer Ruhendstellung durch einen vorrangigen Gläubiger das Guthaben auf dem Pfändungsschutzkonto, das den gesetzlichen Pfändungsfreibetrag übersteigt und auf das der vorrangige Gläubiger durch die Ruhendstellungserklärung verzichtet hat, an den nachrangigen Gläubiger auszuzahlen. Daher wird ein Gläubiger eine Ruhendstellung in der Regel nur dann erklären, wenn kein anderer Gläubiger ebenfalls die Forderung des Schuldners gepfändet hat.

1 Bach-Heuker, in: Bankrecht und Bankpraxis, Rn 2/1312.

## 8.16.6 Entgelte für die Beachtung von Ruhendstellungen

Eine Klausel im Preis- und Leistungsverzeichnis des Kreditinstituts, wonach für die Ruhendstellung einer Pfändung ein Entgelt von dem Kunden gefordert wird, ist nach einem Urteil des LGs Leipzig unzulässig.[1] Unter Bezugnahme auf das Urteil des BGH zur Unzulässigkeit eines Entgelts für die Bearbeitung und Überwachung von Pfändungsmaßnahmen gegen den Kunden[2] begründet das LG seine Entscheidung damit, dass aufgrund einer solchen Klausel auch dann ein Entgelt fällig würde, wenn der Kunde an der Entstehung des Entgelttatbestandes (Ruhendstellungserklärung durch den Gläubiger) nicht beteiligt war, was eine unangemessene Benachteiligung wäre. Nach zutreffender Auffassung des Gerichts ist es jedoch zulässig, ein Entgelt für die Bearbeitung einer Ruhendstellung zu verlangen, wenn der Kunde an der Ruhendstellung beteiligt war, also die Bitte um Ruhendstellung nicht nur vom Gläubiger ausgeht, sondern auch vom Kunden, indem er etwa ausdrücklich zustimmt oder unter Bezugnahme auf eine Erklärung des Pfändungsgläubigers von der Bank die Ruhendstellung verlangt.[3] Diese Einschränkung, dass die Bitte um Ruhendstellung vom Kunden ausgeht, muss sich dann auch aus dem Preis- und Leistungsverzeichnis ergeben. Unzulässig dürfte allerdings in jedem Fall ein Entgelt für die Bearbeitung solcher Ruhendstellungen sein, die auf einer gesetzlichen Grundlage, beispielsweise § 258 AO (siehe oben), basieren, weil die Bearbeitung einer solchen Ruhendstellung zu den gesetzlichen Pflichten der Bank gehört, anders als bei den Ruhendstellungen auf privatrechtlicher Basis, die die Bank zurückweisen kann.

1 LG Leipzig 10.03.2010 – 8 O 2211/09.

2 BGH 18.05.1999 – XI ZR 219/98.

3 Ehlenz/Diefenbach: Pfändung in Bankkonten und andere Vermögenswerte, Rn 80 f. Anders aber der Schlichtungsvorschlag des Ombudsmannes der genossenschaftlichen Banken, K 115/10, abgedruckt im Tätigkeitsbericht der Kundenbeschwerdestelle des BVR 2010, S. 50: „Wenn eine Schuldnerin in zulässiger Weise mit ihrem Gläubiger eine vollstreckungsbeschränkende Vereinbarung trifft, so ist das für die Drittschuldnerin, also die Bank, ohne Belang. Die Bank, die vor der Aussetzung die Pfändung jeweils kostenfrei zu beachten hatte, hat nunmehr keinerlei Tätigkeit zu entfalten oder gar die Vereinbarung zwischen der Kundin und dem vollstreckenden Gläubiger zu überwachen, sodass auch von einer Sonderleistung gegenüber der Kundin keine Rede sein kann. Die Wirkungen der Pfändung treten automatisch wieder ein, wenn der Bank eine Mitteilung des Gläubigers des Inhalts zugeht, dass die Voraussetzungen der Ruhendstellung nicht mehr gegeben sind. Es kann nicht sein, dass die Überwachung einer Pfändung kostenfrei geleistet werden muss, um deren Nichtüberwachung dann zu bepreisen".

## 8.16.7 Kollision der Kontopfändung mit vertraglichen Pfandrechten

Wird ein Konto gepfändet, dessen Guthaben bereits verpfändet ist, stellt sich die Frage der Rangfolge der bestehenden (Pfändungs-)Pfandrechte untereinander. Guthaben eines Kontos kann beispielsweise an das kontoführende Kreditinstitut selbst verpfändet sein. Die AGB der Kreditinstitute enthalten die Vereinbarung eines Pfandrechts auch am Kontoguthaben (Nr. 14 AGB Banken / Nr. 21 AGB Sparkassen). Guthaben kann aber auch zugunsten eines Dritten verpfändet sein.

Für den Rang des Pfandrechts ist nach § 1209 BGB die zeitliche Priorität des Bestellungszeitpunkts maßgeblich, und zwar auch dann, wenn das Pfandrecht für künftige oder bedingte Forderungen bestellt ist. Somit ist unerheblich, wann die gesicherte Forderung entsteht. Das Vertragspfandrecht hat nach dem Prioritätsgrundsatz grundsätzlich Vorrang im Verhältnis zum Pfändungspfandrecht. Es bestimmt sich somit der Rang des Vertragspfandrechts auch dann nach der Zeit der (wirksamen) Bestellung, wenn es für eine künftige Forderung bestellt ist; der Zeitpunkt des Entstehens der gesicherten Forderung ist nicht entscheidend. Die Einziehungsbefugnis des Vertragspfandgläubigers setzt Pfandreife (§ 1282 Abs. 1 i.V.m. § 1228 Abs. 2 BGB) voraus, d.h. die gesicherte Forderung, also die Forderung, derentwegen der Vertragspfandgläubiger auf die verpfändete Forderung zugreifen will, muss fällig sein. Die Situation ist beim Zusammentreffen von vorrangigem Vertragspfandrecht und nachrangigem Pfändungspfandrecht anders als beim Zusammentreffen zweier Pfändungspfandrechte. Nur bei den Vertragspfandrechten ist nicht sicher, ob die damit besicherte Forderung auch fällig ist und somit der Pfandrechtsgläubiger zur Einziehung der verpfändeten Forderung berechtigt ist.

In dem Fall, dass das Pfandrecht zugunsten des kontoführenden Kreditinstituts bestellt ist, kann dieses leicht feststellen, inwiefern das eigene (AGB-)Pfandrecht pfandreif ist und daher von ihm zur Befriedigung wegen der mit dem Pfandrecht besicherten Forderung herangezogen werden kann.

Problematisch sind aber die Fälle, in denen das Pfandrecht einem Dritten zusteht. Die Bank kann nicht wissen, inwiefern dem Dritten ein Einziehungsrecht zusteht. Sie weiß damit auch nicht, welchem Pfändungsgläubiger das Kontoguthaben zusteht, das keinem Pfändungsschutz unterliegt. Sie müsste im Zweifel wohl das Geld hinterlegen. Um eine ordnungsmäßige Kontoführung sicherzustellen, sollte einer der beiden Pfändungsgläubiger davon überzeugt werden, die Pfändung zurückzunehmen bzw. das vertraglich vereinbarte Pfandrecht freizugeben. Gegebenenfalls ist einer der Pfändungsgläubiger aus anderen Mitteln zu befriedigen, um sein Pfandrecht zum Erlöschen zu bringen, soweit damit nicht auch zukünftige Forderungen besichert sind.

Des Weiteren gilt, dass der nachpfändende Gläubiger nach Überweisung zur Einziehung stets Pfandverwertung unter Wahrung der Rechte des besserrangigen Gläubigers betreiben kann. Dem Drittschuldner, also dem kontoführenden Kreditinstitut, ermöglicht eine vorrangige Verpfändung vor Pfandreife nur die Zahlung an den Vertragspfandgläubiger, die Zahlung an den durch die nachfolgende Pfändung in seiner Berechtigung beschränkten Schuldner (als Forderungsgläubiger) oder die Hinterlegung (§ 1281 BGB). Wenn der vorrangige Vertragspfandgläubiger vor Pfandreife seiner gesicherten Forderung allein noch nicht einziehungsberechtigt ist, kann somit von dem kontoführenden Kreditinstitut als Drittschuldner die verpfändete Forderung nur durch Leistung an diesen und den Schuldner – unter Mitwirkung des nachrangigen Vollstreckungsgläubigers – zusammen oder durch Hinterlegung für diese gemeinsam Berechtigten erfüllt werden.

# 9 Informationspflichten (§ 908 Abs. 2 ZPO)

Mit Inkrafttreten des Pfändungsschutzkonto-Fortentwicklungsgesetzes sind Kreditinstitute dazu verpflichtet, den Schuldner in geeigneter und zumutbarer Weise über das im laufenden Kalendermonat noch verfügbare, von der Pfändung nicht erfasste Guthaben und über den Betrag, der mit Ablauf des laufenden Kalendermonats nicht mehr pfändungsfrei und daher an den Pfändungsgläubiger abzuführen ist, zu informieren.

## 9.1 Art der Information

Bei der Information über das im laufenden Kalendermonat noch verfügbare, von der Pfändung nicht erfasste Guthaben (§ 908 Abs. 2 Nr. 1 ZPO) handelt es sich um den pfändungsfreien Betrag des laufenden Monats, eventuell addiert mit nicht verbrauchten Freibeträgen aus den Vormonaten. Diese Information soll dem Kontoinhaber einen besseren Überblick über sein verfügbares Guthaben verschaffen, insbesondere unter Berücksichtigung der angesparten Beträge aus dem Vormonat bzw. den Vormonaten.[1] Der pfändungsfreie Betrag des laufenden Monats darf nicht mit dem individuellen kalendermonatlichen Freibetrag verwechselt werden. Der individuelle kalendermonatliche Freibetrag ist eine abstrakte Größe, die sich aus dem Grundfreibetrag und eventuellen Erhöhungsbeträgen ergibt. Er gibt lediglich Auskunft darüber, bis zu welcher Höhe Guthaben auf dem Konto eingehen kann, ohne von der Pfändung erfasst zu sein. Er trifft keine Aussage über das auf dem Pfändungsschutzkonto tatsächlich vorhandene frei verfügbare Guthaben.

Bei dem Betrag, der mit Ablauf des laufenden Kalendermonats nicht mehr pfändungsfrei ist (§ 908 Abs. 2 Nr. 2 ZPO), handelt es sich um die

1 Bundestags-Drucks. 19/19850, S. 44.

nichtverbrauchten Freibeträge, die am Ende des dritten Monats nach dem Monat der Gutschrift an den pfändenden Gläubiger ausgekehrt werden müssen (§ 899 Abs. 2 Satz 1 ZPO). Wenn beispielsweise im Januar ein Guthaben entstanden ist, das zumindest teilweise im April noch vorhanden ist, müsste dieses verbliebene Guthaben im April als der Betrag ausgewiesen werden, der mit Ablauf des laufenden Monats nicht mehr vor der Pfändung geschützt und folglich an den Pfändungsgläubiger auszukehren wäre.

Der Wortlaut der Norm könnte theoretisch auch dahingehend verstanden werden, dass zusätzlich zu diesem Betrag noch der Betrag addiert werden muss, der den individuellen kalendermonatlichen Freibetrag des laufenden Monats übersteigt. Denn auch dieser Betrag ist mit Ablauf des laufenden Monats an den Gläubiger auszukehren. Gegen dieses Verständnis sprechen jedoch Sinn und Zweck der Vorschrift. § 908 Abs. 2 Nr. 2 ZPO möchte den Kontoinhaber darüber informieren, über welches Guthaben er in diesem Monat noch verfügen kann, bevor es an den Gläubiger ausgekehrt wird. Auf das Guthaben über den individuellen kalendermonatlichen Freibetrag hinaus hat er ohnehin keinen Zugriff, da es von der Pfändung erfasst ist. Würde man den über dem Freibetrag liegenden Betrag hinzuaddieren, könnte beim Kontoinhaber der falsche Eindruck entstehen, dass er auf diesen Betrag zugreifen kann und vor allem, dass er diesen Betrag am besten noch verkonsumiert. Verfügungen, die den Ansparbetrag des § 899 Abs. 2 Satz 1 ZPO übersteigen, würden aber – nach dem Grundsatz First-in-First-out – auf jüngere Ansparbeträge oder auf den nicht von der Pfändung erfassten Freibetrag des laufenden Monats angerechnet. Auch die Gesetzesbegründung bringt eindeutig zum Ausdruck, dass es bei § 908 Abs. 2 Nr. 2 ZPO darum geht, eine bessere Übersichtlichkeit von Ansparbeträgen zu erreichen.[1] Daher sind hier nur die nicht verbrauchten Freibeträge der Vormonate auszuweisen, die mit Ablauf des laufenden Monats nicht mehr pfändungsfrei sind.

## 9.2 Form der Information

Die oben dargestellte Information muss in geeigneter und zumutbarer Weise erfolgen. Der Gesetzestext konkretisiert nicht weiter, wie dies zu erfolgen hat. Laut amtlicher Begründung ist eine bestimmte Form nicht

1 BT-Drucks. 19/19850, S. 44.

vorgeschrieben.[1] Eine bloße mündliche Mitteilung reiche jedoch nicht aus.[2]

Durch diese offene Formulierung können die Kreditinstitute die Informationspflichten nach ihren individuellen Möglichkeiten erfüllen. Sie hat zudem den Vorteil, dass neue technische Entwicklungen aufgegriffen werden können. Dies bringt jedoch zugleich eine gewisse Rechtsunsicherheit mit sich. Insbesondere auch deshalb, weil die Begründung zum Regierungsentwurf ausführt, dass der Gesetzgeber davon ausgeht, dass die entsprechende Mitteilung durch das Kreditinstitut zumindest einmal im Monat zu erfolgen habe, ansonsten jedoch jeweils auf Nach- bzw. Abfrage durch den Schuldner erfolge.[3] Die Mitteilung des Gesetzestextes ist keine Aussage über die Art und Weise der Informationsvermittlung, also das „Wie" der Mitteilung, sondern eine Aussage über die Häufigkeit, also das „Ob" der Informationsvermittlung. Insofern kann die entsprechende Passage aus der Begründung des Regierungsentwurfs kaum einen Beitrag zur weiteren Konkretisierung des Gesetzestextes leisten.

Wann eine Information in geeigneter und zumutbarer Weise erfolgt ist, wird man aus der Sicht eines aufmerksamen und verständigen Durchschnittsverbrauchers beantworten müssen. Um diesen in die Lage zu versetzen, mündige Entscheidungen zu treffen, ist ein Mindestmaß an Perpetuierung der Information erforderlich. Nur dann hat die Information eine ausreichende Verbindlichkeit und kann für den Kontoinhaber die Grundlage für seine weiteren Vermögensdispositionen sein.

Aus diesem Grund scheidet – wie ausgeführt – eine bloße mündliche Mitteilung aus. Erforderlich ist vielmehr eine Mitteilung in Textform, wie z. B. eine auf Nachfrage erteilte schriftliche Auskunft am Bankschalter, ein Andruck im Kontoauszug, eine monatliche Übersendung in Textform, also per Brief, SMS oder – wenn der E-Mailverkehr eröffnet[4] ist – via E-Mail. Auch die Bereitstellung der Informationen im Onlinebanking-Portal (z. B. als Nachricht im internen Postkorb) ist eine Möglichkeit, falls der Kontoinhaber das Onlinebanking nutzt.

1 BT-Drucks. 19/19850, S. 45.

2 BT-Drucks. 19/19850, S. 45.

3 BT-Drucks. 19/19850, S. 45.

4 Der E-Mailverkehr ist hinsichtlich § 908 Abs. 2 ZPO dann eröffnet, wenn der Kontoinhaber dem Kreditinstitut im Zusammenhang mit dem Girokontovertrag seine E-Mailadresse mitgeteilt hat. Insbesondere wenn die E-Mail nicht ausreichend verschlüsselt werden kann, müssen jedoch auch datenschutzrechtliche Vorgaben beachtet werden.

Informationspflichten (§ 908 Abs. 2 ZPO)

Auch nur vorübergehende textliche Mitteilungen dürften den Anforderungen genügen, wenn sie ausreichend lange zur Verfügung stehen und im Verkehr als Informationsquelle für Kontoinformationen akzeptiert sind. Hier kommt insbesondere die Anzeige der Informationen am Bildschirm des Geldausgabeautomaten oder SB-Terminals in Betracht, so wie es heute schon für den aktuellen Kontostand üblich ist.

Es ist nicht erforderlich, dass das Kreditinstitut aktiv auf den Kontoinhaber zugeht und ihm die Information „aufdrängt". Ausreichend ist, dass der Kontoinhaber die Information gelegentlich eines Geschäftskontakts (z. B. Abruf Kontoauszug, Nutzung Onlinebanking, Verfügung am Geldautomaten) bzw. auf Anfrage erhält. Dabei darf der Aufwand für die Zurverfügungstellung nicht zu hoch sein, sondern muss sich im Rahmen dessen halten, was aus Sicht eines Durchschnittsverbrauchers „angemessen und zumutbar" ist. Andernfalls käme nur noch eine postalische Zustellung in Betracht, was mit dem Ziel der offenen Formulierung der gesetzlichen Regelung (s. o.) – eine flexible Handhabung und eine technische Offenheit der Mitteilung – unvereinbar wäre. Viele für den Kontoinhaber einfachere und zeitgemäßere sowie insbesondere kostengünstige Informationsquellen könnten ihm dann nicht mehr angeboten werden.

# 10 Schutz von Sozialleistungen und Kindergeld (§ 850k Abs. 6 ZPO a. F.)

Nach alter Rechtslage haben Gutschriften aus Sozialleistungen und Kindergeld einen besonderen, 14-tägigen Aufrechnungs- und Verrechnungsschutz genossen. Dadurch wurde sichergestellt, dass solche Gutschriften den Kontoinhabern auch dann zur Verfügung standen, wenn ihr Konto einen Debit ausgewiesen hat. Mit dem Pfändungsschutzkonto-Fortentwicklungsgesetz ist diese, bisher in § 850k Abs. 6 ZPO a. F. verankerte Vorschrift entfallen bzw. wurde in § 901 ZPO umfassend neu geregelt. Für weitere Einzelheiten siehe Kapitel 3, „Verbot der Aufrechnung und Verrechnung – debitorische Pfändungsschutzkonten (§ 901 ZPO)“.

# 11 Festsetzung der Unpfändbarkeit von Kontoguthaben auf dem Pfändungsschutzkonto (§ 907 ZPO)

Nach § 907 Abs. 1 ZPO kann das Vollstreckungsgericht auf Antrag des Schuldners unter bestimmten Voraussetzungen festsetzen, dass das Guthaben auf dem Pfändungsschutzkonto für die Dauer von bis zu zwölf Monaten der Pfändung nicht unterworfen ist.

## 11.1 Wirkung der gerichtlichen Festsetzung nach § 907 ZPO

§ 907 ZPO greift die Regelung aus § 850 l ZPO a. F. auf, verkürzt jedoch den Prognosezeitraum auf sechs Monate (dazu nachfolgend Abschnitt 11.2). Die Regelung ermöglicht es, vorübergehend die Unpfändbarkeit des Kontoguthabens festzusetzen und dient damit in erster Linie den Interessen des Schuldners. Sie bewirkt aber ebenfalls eine Entlastung der Gerichte sowie der Kreditinstitute. Mit der gerichtlichen Festsetzung nach § 907 Abs. 1 ZPO wird nur die Pfändung des Guthabens auf einem Pfändungsschutzkonto ausgeschlossen. Werden weitere Forderungen aus der Geschäftsbeziehung mit dem Schuldner gepfändet, etwa die aus einer offenen Kreditlinie, so bleibt die Pfändungswirkung insofern erhalten.

Auch eine bereits erfolgte Pfändung verliert damit in Bezug auf zukünftiges Guthaben ihre Wirkung[1]; im Zeitpunkt der gerichtlichen Festsetzung bereits von der Pfändung erfasstes Guthaben bleibt aber gepfändet.[2]

Wenn ungeachtet einer solchen gerichtlichen Festsetzung ein Pfändungs- und Überweisungsbeschluss zugestellt wird, muss das Kreditinstitut in der

---

1 Weber/Wellmann/Zimmermann, ZVI 2011, 241 (242).

2 Nicht eindeutig: Baumbach/Hartmann, § 850 l Rn. 22; Zöller – Stöber, § 850 l Rn. 7; Thomas/Putzo, § 850 l Rn. 7.

Drittschuldnererklärung angeben, dass eine gerichtliche Festsetzung nach § 907 vorliegt (§ 840 Abs. 1 Nr. 4 ZPO). Die Verpflichtung zur Abgabe einer Drittschuldnererklärung (§ 840 Abs. 1 Nr. 4 ZPO) wird also von der Anordnung der Unpfändbarkeit des Guthabens auf dem Pfändungsschutzkonto nicht berührt.

Nach Ablauf der Zwölf-Monats-Frist hat das Kreditinstitut jedoch, wenn auch künftige Forderungen gepfändet wurden, die Pfändung wieder zu beachten und muss dann vorhandenes Guthaben, soweit es nicht aufgrund eines Freibetrags von der Pfändung ausgenommen ist, an den Gläubiger auskehren. Dies ergibt sich aus § 907 Abs. 1 Satz 1 ZPO, wonach eine in dieser Zeit ausgesprochene Kontopfändung nicht unwirksam ist, sondern lediglich das Guthaben für die in der gerichtlichen Festsetzung genannte Dauer der Pfändung nicht unterworfen ist. Nach Ablauf dieser Frist bestehendes Guthaben ist jedoch der Pfändung unterworfen, es sei denn, der Kontoinhaber stellt rechtzeitig einen erneuten Antrag nach § 907 ZPO.

Liegen die Voraussetzungen für einen solchen Antrag eindeutig vor, kann das Kreditinstitut den Kunden zur Stellung eines solchen Antrags anhalten, um den Aufwand der Kontoführung in einem zumutbaren Rahmen zu halten.[1] Das Kreditinstitut kann den Antrag nicht stellen.[2]

## 11.2 Voraussetzungen für die gerichtliche Anordnung nach § 907 ZPO

Die gerichtliche Festsetzung setzt voraus, dass der Schuldner (Kontoinhaber) einen Antrag stellt[3] und

- ▷ nachweist, dass dem Konto in den letzten sechs Monaten vor Antragstellung ganz überwiegend nur unpfändbare Beträge gutgeschrieben worden sind und
- ▷ glaubhaft macht, dass auch innerhalb der nächsten sechs Monate nur ganz überwiegend nicht pfändbare Beträge zu erwarten sind.

1 Siehe auch: Baumbach/Hartmann, § 850 I Rn. 12.

2 Zöller – Stöber, § 850 I Rn. 2.

3 Ein Musterantrag ist abgedruckt in: ZVI 2011, 245.

Der Rechtspfleger darf eine Festsetzung nach § 907 ZPO nicht mit der Begründung ablehnen, dass § 850k ZPO dem Kontoinhaber ausreichend Schutz gewährt. Mit der Verkürzung des Prognosezeitraums von zwölf auf sechs Monate wurde eine Empfehlung aus dem Schlussbericht der Evaluierung zum Pfändungsschutzkonto aufgegriffen. Diese hatte nämlich ergeben, dass die Möglichkeit zur Festsetzung der Unpfändbarkeit nur selten genutzt wurde. Durch die Verkürzung der Prognosefrist soll es den Gerichten erleichtert werden, einen entsprechenden Beschluss zu erlassen. Bereits zu § 850 l ZPO – alter Fassung – hatte sich Rechtsprechung[1] entwickelt, die zeigte, dass die Gerichte im Hinblick auf den zwölfmonatigen Prognosezeitraum auch von der Möglichkeit Gebrauch machten, eine kürzere Frist als zwölf Monate festzusetzen.

Zuständig ist das Vollstreckungsgericht. Das gilt auch für Pfändungen durch die Finanzverwaltung (§ 309 Abs. 3 Satz 2 AO).

## 11.3 Aufhebung der Unpfändbarkeit auf Gläubigerantrag

Nach § 907 Abs. 2 ist auf Antrag jedes Gläubigers die Festsetzung der Unpfändbarkeit aufzuheben, wenn deren Voraussetzungen nicht mehr vorliegen oder überwiegende Belange des Gläubigers entgegenstehen. Zu beachten ist, dass nicht nur die Interessen des die Vollstreckung betreibenden Gläubigers von Belang sind, sondern auch andere Gläubiger antragsberechtigt sind, z. B. diejenigen, die eine spätere Pfändung ausgebracht haben. Überdies muss der Schuldner die Gläubiger unverzüglich auf eine wesentliche Veränderung (hier insbesondere Verbesserung) seiner Vermögensverhältnisse hinweisen. Damit soll den Gläubigern erleichtert werden, eine Abänderung des Gerichtsbeschlusses zu erreichen.

1 Siehe die Zusammenstellung bei: Weber/Wellmann/Zimmermann, ZVI 2011, 241 (243).

## 11.4 Festsetzung der Unpfändbarkeit bei Doppelpfändung von Arbeitseinkommen und Kontoguthaben

Ein besonderes Problem stellt sich bei der Doppelpfändung von Arbeitseinkommen und Kontoguthaben: Die Pfändungsgläubiger – ggf. auch ein Pfändungsgläubiger – haben sowohl den Anspruch des Schuldners gegen seinen Arbeitgeber auf Auszahlung seines Arbeitsentgelts als auch den Anspruch gegen das kontoführende Kreditinstitut aus dem Kontokorrent gepfändet, sodass der Arbeitgeber nur noch den unpfändbaren Teil des Arbeitsentgelts auf das Pfändungsschutzkonto überweist. In diesen Fällen können die Voraussetzungen des § 907 ZPO vorliegen[1]: Wenn keine weiteren Einkünfte des Kontoinhabers vorhanden sind, werden nur unpfändbare Beträge auf dem Pfändungsschutzkonto gutgeschrieben, und wenn die Pfändung des Arbeitseinkommens voraussichtlich noch längere Zeit andauern wird, sind auch in den nächsten sechs Monaten keine anderen als unpfändbare Beträge als Eingang auf dem Pfändungsschutzkonto zu erwarten[2] (zu den Einzelheiten der Voraussetzungen für die Anordnung siehe oben). Allerdings kommt ein solcher Antrag erst sechs Monate nach Beginn der Pfändung des Arbeitsentgelts in Betracht, weil der Kontoinhaber nachweisen muss, dass in den letzten sechs Monaten vor Antragstellung ganz überwiegend nur unpfändbare Beträge auf dem Konto gutgeschrieben worden sind.

Bei einer Doppelpfändung ist ein Antrag auf Festsetzung der Unpfändbarkeit des Guthabens auf dem Pfändungsschutzkonto insbesondere dann sinnvoll und hilfreich für die Bankpraxis, wenn das Gericht bei monatlich in der Höhe variierendem Arbeitsentgelt des Kontoinhabers den Pfändungsfreibetrag nicht beziffert, sondern stattdessen bestimmt hat, dass der gesamte Betrag, der von einem bestimmten Konto (des Arbeitgebers) überwiesen wird, der Pfändung nicht unterliegt.[3] Durch die Festsetzung der Unpfändbarkeit des Guthabens auf dem Pfändungsschutzkonto kann der Aufwand für das Kreditinstitut vermieden werden, den Pfändungs-

1 Vgl. im Einzelnen zum Antrag auf Anordnung der Unpfändbarkeit bei Vorliegen einer Doppelpfändung: Weber/Wellmann/Zimmermann, ZVI 2011, 241 (244).

2 In diesem Fall ist die Anordnung der Unpfändbarkeit nach § 850 l ZPO geboten: AG Heilbronn, Beschluss vom 05.01.2012 – 10 M 151/12.

3 Zur Zulässigkeit solcher gerichtlichen Beschlüsse siehe Kapitel 5, Abschnitt 5.5.2 „Bestimmung eines abweichenden Pfändungsfreibetrags durch das Vollstreckungsgericht (§ 906 Abs. 2 ZPO)".

freibetrag monatlich neu durch eine Umsatzkontrolle und Feststellung des vom Arbeitgeber überwiesenen Betrags zu ermitteln.

# 12 Insolvenz des Kontoinhabers

Das Pfändungsschutzkonto führt zu Besonderheiten bei der Kontoführung im Falle der Insolvenz des Kontoinhabers. In einem solchen Fall stellen sich gleich mehrere rechtliche und praktische Fragen für das kontoführende Kreditinstitut. Zum einen geht es dabei um die Frage, ob das Konto erlischt, zum anderen um die Frage, ob der Kontoinhaber über das Guthaben auch in der Insolvenz verfügen darf. Dabei ist nach den Phasen des Insolvenzverfahrens (i. e. Eröffnungsverfahren, eröffnetes Verfahren) zu unterscheiden.

## 12.1 Eröffnungsverfahren

### 12.1.1 Fortbestand des bestehenden Pfändungsschutzkontos

Durch den Antrag auf Eröffnung eines Insolvenzverfahrens nach §§ 13 ff. InsO wird der Bestand eines (Pfändungsschutz-)Kontos nicht berührt.

Auch die Einsetzung eines vorläufigen Insolvenzverwalters nach § 21 Abs. 2 Nr. 1 InsO oder die Anordnung vorläufiger Maßnahmen nach § 21 InsO lassen den Giro- bzw. Zahlungsdiensterahmenvertrag unberührt. Wenn es zu der Insolvenz eines Inhabers eines Pfändungsschutzkontos kommt, dürfte jedoch häufig kein Regelinsolvenzverfahren, sondern ein Verbraucherinsolvenzverfahren nach den §§ 304 ff. InsO durchgeführt werden. Bei Verbraucherinsolvenzverfahren werden nur in Ausnahmefällen Sicherungsmaßnahmen nach § 21 InsO angeordnet. Auch die Bestellung eines vorläufigen Insolvenzverwalters nach § 21 Abs. 2 Nr. 1 InsO erfolgt nur ausnahmsweise.

### 12.1.2 Verfügungsbefugnis

Der Antrag auf Eröffnung eines Insolvenzverfahrens hat keinen Einfluss auf die Verfügungsbefugnis des Kontoinhabers, wenn nicht das Gericht einen vorläufigen Insolvenzverwalter einsetzt und zusätzlich eine vorläufige Maßnahme i.S.d. § 21 InsO erlässt, indem es beispielsweise ein allgemeines Verfügungsverbot oder ein spezielles Verfügungsverbot (beispielsweise Kontensperre) gegenüber dem Schuldner erlässt. Auch kann es anordnen, dass Verfügungen des Schuldners nur mit Zustimmung des vorläufigen Insolvenzverwalters wirksam sind. In diesem Falle ist die Anordnung des Gerichts zu beachten. Das Pfändungsschutzkonto weist hier keine Besonderheiten gegenüber anderen Girokonten auf. Derartige Anordnungen des Gerichts dürften insbesondere dann in Betracht kommen, wenn der Inhaber des Pfändungsschutzkontos freiberuflich oder gewerblich tätig ist, beispielsweise als Einzelkaufmann, als Kleingewerbetreibender oder als Geschäftsführer einer GmbH.

Allerdings betrifft ein Verfügungsverbot nach § 21 InsO nur solche Verfügungen, die sich auf Gegenstände und Forderungen beziehen, die zur Insolvenzmasse gehören würden (§§ 24 Abs. 1, 81, 82 InsO). Das Guthaben auf dem Pfändungsschutzkonto unterliegt im Rahmen des (gegebenenfalls erhöhten) Pfändungsfreibetrags nicht der Pfändung (§§ 899 Abs. 1 Satz 1 2. Halbs., 902 ZPO), sodass es (unabhängig vom Vorliegen einer Pfändung) auch nicht zur Insolvenzmasse gehört (§ 36 Abs. 1 InsO) und folglich vom Verfügungsverbot nach § 21 InsO nicht betroffen ist.

Der Kontoinhaber kann also trotz eines eventuell angeordneten allgemeinen oder speziellen Verfügungsverbots im Eröffnungsverfahren im Rahmen seines (gegebenenfalls erhöhten) Pfändungsfreibetrags – und im Rahmen der übrigen Regeln zum Pfändungsschutzkonto – über das Guthaben auf dem Pfändungsschutzkonto verfügen.[1]

### 12.1.3 Umwandlung eines Zahlungskontos in ein Pfändungsschutzkonto

Im Eröffnungsverfahren kann der Kontoinhaber – trotz gegebenenfalls angeordneter Verfügungsbeschränkungen – ein bestehendes Giro-

1 BGH, Urt.v. 20.07.2010 – IX ZR 37/09, Rn. 13. Das Urteil betrifft nicht die Pfändungsfreibeträge auf einem Pfändungsschutzkonto, aber die früheren Vorschriften zum Pfändungsschutz von Guthaben auf einem Girokonto. Es ist daher auf die Pfändungsfreibeträge auf einem Pfändungsschutzkonto übertragbar.

konto in ein Pfändungsschutzkonto umwandeln. Dies ergibt sich aus dem Rechtsgedanken des § 850k Abs. 2 Satz 1 ZPO, wonach der Kontoinhaber fordern kann, dass ein Zahlungskonto als Pfändungsschutzkonto geführt wird, wenn das Guthaben auf dem Zahlungskonto bereits gepfändet ist und er mithin über das Guthaben nicht mehr verfügen kann. Wenn er trotz Verfügungsbeschränkung aufgrund einer Pfändung eine Umwandlung in ein Pfändungsschutzkonto fordern kann, so muss ihm dies auch bei einer Verfügungsbeschränkung aufgrund gerichtlich angeordneter Verfügungsbeschränkungen im Eröffnungsverfahren möglich sein. Die Umwandlung des Kontos in ein Pfändungsschutzkonto unterliegt somit nicht einem Verfügungsverbot nach § 21 InsO.

Bei der Umwandlung des Kontos in ein Pfändungsschutzkonto innerhalb von einem Monat nach der Anordnung von Verfügungsbeschränkungen durch das Insolvenzgericht (§ 21 InsO) ist der Zeitpunkt der Anordnung eines Verfügungsverbots mit dem Zeitpunkt der Insolvenzeröffnung gleichzusetzen. Das bedeutet, dass die Umwandlung auf den Zeitpunkt der Anordnung des Verfügungsverbots zurückwirkt. In beiden Fällen erfasst die Verfügungsbefugnis des (vorläufigen) Insolvenzverwalters nur das Vermögen, das zur Insolvenzmasse gehört bzw. gehören würde, wenn das Verfahren bereits eröffnet worden wäre.

### 12.1.4 Eröffnung eines neuen Girokontos

Der Schuldner kann auch im Eröffnungsverfahren ein neues Girokonto eröffnen. Beim Abschluss eines Giro- bzw. Zahlungsdiensterahmenvertrags handelt es sich nicht um eine Verfügung, sondern um ein Verpflichtungsgeschäft. Verpflichtungsgeschäfte sind vom Verfügungsverbot nach § 21 InsO nicht erfasst.[1]

### 12.1.5 Wirksamkeit von Pfändungen

Hat ein Insolvenzgläubiger im letzten Monat vor dem Antrag auf Eröffnung des Insolvenzverfahrens oder nach diesem Antrag durch Zwangsvollstreckung eine Sicherung an dem zur Insolvenzmasse gehörenden Vermögen des Schuldners erlangt, so wird diese Sicherung – also das Pfändungspfandrecht – mit Eröffnung des Insolvenzverfahrens unwirksam (§ 88 Abs. 1 InsO – Rückschlagsperre); bei einem Verbraucherinsol-

1 Voß, in: Graf-Schlicker, InsO, 2. Aufl. 2010, § 21 Rn. 10 m. w. N.

venzverfahren beträgt die Frist drei Monate (§ 88 Abs. 2 InsO). Wenn und solange es nicht zur Eröffnung des Insolvenzverfahrens kommt, bleibt aber das durch die Zustellung des Pfändungs- und Überweisungsbeschlusses entstandene Pfändungspfandrecht wirksam. Für die Führung eines Pfändungsschutzkontos ergibt sich somit durch den Antrag auf Eröffnung eines Insolvenzverfahrens keine Änderung.[1]

Wenn ein vorläufiger Insolvenzverwalter eingesetzt und ein **Verfügungsverbot** gegen den Schuldner erlassen ist (§ 21 Abs. 2 Satz 1 Nr. 2 InsO), so berührt das nicht die Einziehungsbefugnis des Pfändungsgläubigers.

Die Bank darf ein den Pfändungsfreibetrag übersteigendes Guthaben nicht an den Pfändungsgläubiger auszahlen, wenn das Gericht die **einstweilige Einstellung der Zwangsvollstreckung** angeordnet hat (§ 21 Abs. 2 Satz 1 Nr. 3 InsO). Die einstweilige Einstellung der Zwangsvollstreckung bedeutet nicht, dass der Pfändungs- und Überweisungsbeschluss aufgehoben wird, sondern nur, dass die Vollstreckung nicht betrieben werden darf.[2] Soweit also Guthaben auf dem Pfändungsschutzkonto im Zeitpunkt der einstweiligen Einstellung der Zwangsvollstreckung durch das Gericht (§ 21 Abs. 2 Satz 1 Nr. 3 ZPO) bereits von der Pfändung erfasst war, darf das Kreditinstitut als Drittschuldner nicht mehr an den Pfändungsgläubiger zahlen; die Zahlung des Drittschuldners zur Befriedigung des Gläubigers ist Bestandteil der Zwangsvollstreckung. Da aber die Pfändung nur einstweilen eingestellt und nicht aufgehoben worden ist, kommt auch eine Zahlung an den vorläufigen Insolvenzverwalter nicht in Betracht. Nach der einstweiligen Einstellung der Zwangsvollstreckung ist eine Leistung der Bank daher nur an den Pfändungsgläubiger und den vorläufigen Verwalter gemeinsam zulässig.[3] Das Geld sollte in diesem Falle auf einem gesonderten Konto zurückgehalten[4] oder hinterlegt werden, aber jedenfalls (noch) nicht an den vorläufigen Insolvenzverwalter ausgezahlt werden. Ist die Zwangsvollstreckung im Eröffnungsverfahren nicht einstweilen eingestellt, so ist das gepfändete Guthaben an den Pfändungsgläubiger auszuzahlen; es besteht kein Unterschied zur Kontoführung vor dem Insolvenzantrag.

1 Vgl. Obermüller: Insolvenzrecht in der Bankpraxis, 8. Aufl. 2011, Rn. 2.59.

2 Voß, in: Graf-Schlicker, InsO, 2. Aufl. 2010, § 21 Rn. 15.

3 BGH, Urt. v. 17.12.1998 – IX ZR 1/98, Rn. 6; Obermüller: Insolvenzrecht in der Bankpraxis, 8. Aufl. 2011, Rn 2.60.

4 Obermüller, a. a. O., Rn. 2.60.

# 12.2 Eröffnetes Verfahren

## 12.2.1 Fortbestand des Pfändungsschutzkontos

Nach §§ 115 Abs. 1, 116 InsO erlischt ein Geschäftsbesorgungsvertrag, der sich auf das zur Insolvenzmasse gehörende Vermögen bezieht, durch die Eröffnung des Insolvenzverfahrens. Somit erlischt der einem Girokonto zugrunde liegende Giro- bzw. Zahlungsdiensterahmenvertrag mit Eröffnung des Insolvenzverfahrens.[1] Ein Pfändungsschutzkonto hingegen bleibt nach herrschender Meinung[2] und Rechtsprechung[3] trotz der Eröffnung des Insolvenzverfahrens bestehen. Das unpfändbare Guthaben auf dem Pfändungsschutzkonto zählt nach § 36 InsO nicht zur Insolvenzmasse, womit auch der Geschäftsbesorgungsvertrag, der dem Pfändungsschutzkonto zugrunde liegt, nicht nach den Vorschriften der §§ 115 Abs. 1 InsO, 116 erlischt. § 899 ZPO, der die Regelungen über den Pfändungsschutz von Guthaben auf einem Pfändungsschutzkonto enthält, ist in § 36 Abs. 1 Satz 2 InsO ausdrücklich genannt.

Im Rahmen des Pfändungsschutzkonto-Fortentwicklungsgesetzes hat der Gesetzgeber implizit klargestellt, dass das Pfändungsschutzkonto auch bei Eröffnung eines Insolvenzverfahrens fortbesteht, indem er den folgenden Satz an § 36 Abs. 1 InsO angefügt hat: „Verfügungen des Schuldners über Guthaben, das nach den Vorschriften der Zivilprozessordnung über die Wirkungen des Pfändungsschutzkontos nicht von der Pfändung erfasst wird, bedürfen zu ihrer Wirksamkeit nicht der Freigabe dieses Kontoguthabens durch den Insolvenzverwalter."

Für den Fortbestand des Pfändungsschutzkontos nach Eröffnung des Insolvenzverfahrens ist es auch ohne Bedeutung, ob das Konto in diesem Zeitpunkt kreditorisch oder debitorisch war.[4]

---

1 Ganz h. M.; a. A. Casse, InsbürO 2012, 332 (333).

2 Büchel, ZInsO 2010, 20; Jaquemoth/Zimmermann, ZVI 2010, 115; Obermüller: Insolvenzrecht in der Bankpraxis, 8. Aufl. 2011, Rn. 2.185; Remmert, NZI 2008, 70; Bitter, Bankrechts-Handbuch, § 33 Rn. 39; ders. ZIP 2011, 149; Ehlenz/Diefenbach, Pfändung in Bankkonten und andere Vermögenswerte, Rn. 83f.; Saager, Die Insolvenzordnung, Kapitel 12.1.2; Staufenbiel/Karlstedt: InsbürO 2011, 173 (175); Stritz, InsbürO 2012, 207 (210); Casse, InsbürO 2012, 332 (333); Günther, ZInsO 2013, 859 (860). A. A.: du Carrois, ZInsO 2009, 1801; Jäger: Gläubigerhandbuch InsO, 2. Aufl. 2014, S. 157; Knees, ZInsO 2011, 511; Bäuerle, in: Braun: InsO, 5. Aufl. 2013, § 36 Rn. 3.

3 AG Nienburg, Urt. v. 24.01.2013 – 6 C 516/12, ZIP 2013, 923; LG Verden, Urt. v. 19.09.2013 – 4 S 3/13 (in der Urteilsbegründung allerdings teilweise zweifelhaft).

4 Ehlenz/Diefenbach, Pfändung in Bankkonten und andere Vermögenswerte, Rn. 83 f.

## 12.2.2 Verfügungsbefugnis

### 12.2.2.1 Grundsatz: Verfügung im Rahmen des Pfändungsfreibetrags

Mit Eröffnung des Insolvenzverfahrens geht gemäß § 80 InsO die Verfügungsbefugnis auf den Insolvenzverwalter über. Die Verfügungsbefugnis des Insolvenzverwalters/Treuhänders erfasst jedoch nur das Vermögen, das zur Insolvenzmasse gehört.[1] Mithin kann der Inhaber eines Pfändungsschutzkontos trotz Eröffnung des Insolvenzverfahrens weiterhin über sein Guthaben im Rahmen der Pfändungsfreibeträge des Pfändungsschutzkontos verfügen.

### 12.2.2.2 Freigabe des Kontos durch den Insolvenzverwalter

Einer ausdrücklichen Freigabe des Kontos durch den Insolvenzverwalter bedarf es nicht, damit das Kreditinstitut den Kontoinhaber über das Guthaben auf dem Pfändungsschutzkonto im Rahmen des Pfändungsfreibetrags verfügen lassen kann.[2] Dies war bislang schon vorherrschende Meinung und wird jetzt durch die Ergänzung in § 36 Abs. 1 InsO bestätigt. Gibt der Insolvenzverwalter hingegen das Konto (insgesamt) frei, so kann der Insolvenzschuldner – soweit insolvenzrechtliche Beschränkungen betroffen sind – frei über das gesamte Guthaben auf dem Pfändungsschutzkonto ohne Beschränkungen verfügen, sofern das Guthaben nicht gepfändet ist. Pfändungen hingegen, die vor der Rückschlagsperre ausgebracht wurden (dazu siehe nächster Abschnitt), erlöschen nicht. Sie ruhen aber für die Dauer des Insolvenzverfahrens.[3] Mit der Freigabe des gepfändeten Vermögens durch den Insolvenzverwalter müssen die Pfändungen und die Pfändungsschutzvorschriften wieder beachtet werden.

### 12.2.2.3 Pfändung des Guthabens vor Insolvenzeröffnung und durch Neugläubiger

Das Pfändungspfandrecht entsteht mit der Zustellung des Pfändungsbeschlusses (§ 829 Abs. 3 ZPO). Bei der Pfändung zukünftiger Forderungen

1 BGH, Urt. v. 20.07.2010 – IX ZR 37/09, Rn. 13.

2 Ehlenz Diefenbach, Pfändung in Bankkonten und andere Vermögenswerte, Rn. 83 f.; Staufenbiel/Karlstedt, InsbürO 2011, 173 (177); Stritz, InsbürO 2012, 207 (210); Casse, InsbürO 2012, 332 (335).

3 BGH, Beschl. v. 24.03.2011 – IX ZB 217/08.

entsteht das Pfändungspfandrecht erst mit der Entstehung der Forderung.[1] Mit der Eröffnung des Insolvenzverfahrens wird das Pfändungspfandrecht, das innerhalb des letzten Monats (bei Verbraucherinsolvenzverfahren: innerhalb der letzten drei Monate) erworben worden ist, unwirksam (§ 88 Abs. 1 und Abs. 2 InsO).

Liegt die Zustellung länger zurück, so ist zwischen der Pfändung des gegenwärtigen und des zukünftigen Saldos zu unterscheiden: Soweit der Zustellungssaldo gepfändet worden ist, bleibt das Pfandrecht bestehen, kann aber möglicherweise angefochten werden. Soweit zukünftiges Guthaben gepfändet worden ist, wird das Pfändungspfandrecht unwirksam in Bezug auf alles Guthaben, das erst innerhalb des letzten Monats bzw. der letzten drei Monate vor Insolvenzeröffnung entstanden ist. Guthaben, das erst nach Eröffnung des Insolvenzverfahrens auf dem Pfändungsschutzkonto gutgeschrieben worden ist, wird schon wegen § 88 InsO nicht mehr vom Pfändungspfandrecht erfasst; aber auch nach § 91 InsO kann ein Pfändungspfandrecht daran nicht mehr begründet werden.

Für die Pfändung des Zustellungssaldos gilt dabei folgende Überlegung: Wird bei einem Kreditinstitut gepfändetes Guthaben eines Schuldners, der eine natürliche Person ist, dem Gläubiger überwiesen, so darf erst einen Monat nach der Zustellung des Überweisungsbeschlusses an den Drittschuldner aus dem Guthaben an den Gläubiger geleistet werden (§ 835 Abs. 3 Satz 2 ZPO), sodass der Zustellungssaldo eines drei Monate vorher zugestellten Pfändungs- und Überweisungsbeschlusses regelmäßig nicht mehr auf dem Konto vorhanden ist. Sollte das Kreditinstitut gleichwohl die Auszahlung des gepfändeten Teils des Zustellungssaldos an den Pfändungsgläubiger versäumt haben, kann es dies nachholen; das Pfändungspfandrecht wird von der Eröffnung des Insolvenzverfahrens nicht berührt.

Die Begründung eines neuen Pfändungspfandrechts während des Insolvenzverfahrens durch Insolvenzgläubiger ist nicht möglich, da Vollstreckungen von Insolvenzgläubigern während des Insolvenz- und Restschuldbefreiungsverfahrens unzulässig sind (§ 89 Abs. 1, § 294 Abs. 1 InsO). Neugläubiger dürfen allerdings vollstrecken. Da die Insolvenzmasse jedoch der Befriedigung der Insolvenzgläubiger dient (§ 38 InsO), kommt eine Vollstreckung auch eines Neugläubigers in das zur Insolvenzmasse gehörende Vermögen nicht in Betracht. Soweit das Pfändungspfandrecht eines Insolvenzgläubigers auch nach Eröffnung des Insolvenzverfahrens noch wirksam ist oder ein neues Pfändungspfandrecht – an anderem als

---

1 BFH, Urt. v. 12.04.2005 – VII R 7/03.

zur Insolvenzmasse gehörendem Vermögen – von einem Neugläubiger wirksam begründet worden ist, ändert sich für das Kreditinstitut an der Kontoführung nichts: Der Kontoinhaber kann im Rahmen seines Pfändungsfreibetrags über das Kontoguthaben verfügen. Darüber hinausgehendes, von dem Pfändungspfandrecht erfasstes Guthaben wird an den Pfändungsgläubiger ausgekehrt.

Ist das Pfändungspfandrecht unwirksam geworden, hat der Gläubiger aus dem Pfändungspfandrecht nichts mehr zu beanspruchen. Aber auch wenn das Pfändungspfandrecht unwirksam wird, bleibt die öffentlich-rechtliche Verstrickung bestehen[1], weswegen eine Auszahlung an den Schuldner oder Insolvenzverwalter nicht ohne weiteres in Betracht kommt. Die Verstrickung entsteht auch bei einer – wegen § 89 Abs. 1 InsO unwirksamen – Pfändung während des Insolvenzverfahrens, sodass auch eine solche Pfändung bewirkt, dass das Kreditinstitut die Zahlung an den Insolvenzverwalter einzustellen hat, bis die Verstrickung aufgehoben worden ist.[2]

Ist ein Pfändungspfandrecht durch die Insolvenzeröffnung unwirksam geworden, darf das Kreditinstitut über den Pfändungsfreibetrag hinausgehende Guthaben nur mit Zustimmung des Pfändungsgläubigers oder nach Aufhebung der Pfändung durch das Vollstreckungsgericht (aufgrund einer vom Insolvenzverwalter oder von dem Kreditinstitut eingelegten Erinnerung) an den Insolvenzverwalter auszahlen.[3] Die öffentlich-rechtliche Verstrickung ist durch das Vollstreckungsgericht – hier also den Rechtspfleger – von Amts wegen aufzuheben[4]; erfolgt diese Aufhebung nicht, so kann der vorläufige Insolvenzverwalter bzw. der Treuhänder, der die Auszahlung des Guthabens von der Bank verlangt, Erinnerung (§ 766 ZPO) einlegen.[5]

Bei der Abführung von Guthaben an den Insolvenzverwalter sind die Vorschriften des § 899 ZPO entsprechend anzuwenden (§ 36 Abs. 1 Satz 2

1 BGH, Urt. v. 21.09.2017 – IX ZR 40/17; Gerhardt, in: Gottwald, Insolvenzrechts-Handbuch, 6. Aufl., § 33 Rn. 39; Fischer, ZInsO 2003, 101 (105); Vallender, ZIP 1997, 1993 (1994).

2 BGH, Urt. v. 21.09.2017 – IX ZR 40/17 (Rn. 10); BGH, Beschl. v. 19.11.2020 – IX ZB 14/20.

3 BGH, Urt. v. 21.09.2017 – IX ZR 40/17; Obermüller: Insolvenzrecht in der Bankpraxis, 8. Aufl. (2011), Rn. 2.180; Fischer, ZInsO 2003, 101 (105). Den Straftatbestand des Verstrickungsbruches (§ 136 Abs. 1 StGB) würde es jedoch nicht erfüllen, da Forderungen nicht zu den geeigneten Tatobjekten gehören (Schönke/Schröder – Sternberg-Lieben: StGB, 30. Aufl. 2019, § 136 Rn. 5).

4 Gerhardt, in: Gottwald, Insolvenzrechts-Handbuch, 6. Aufl. 2020, § 33 Rn. 39; Vallender, ZIP 1997, 1993 (1994).

5 Gerhardt, in: Gottwald, Insolvenzrechts-Handbuch, 6. Aufl. 2020, § 33 Rn. 39; Fischer, ZInsO 2003, 101 (105); Vallender, ZIP 1997, 1993 (1994).

InsO). Der Zeitpunkt der Abführung kann mit dem Verwalter und dem Kontoinhaber gemeinsam festgelegt werden.

## 12.2.3 Umwandlung eines Girokontos in ein Pfändungsschutzkonto nach Eröffnung des Insolvenzverfahrens

Auch nach Eröffnung des Insolvenzverfahrens kann der Insolvenzschuldner trotz bestehender Verfügungsbeschränkungen sein Girokonto in ein Pfändungsschutzkonto umwandeln.[1] Hier gelten die gleichen Erwägungen wie im Eröffnungsverfahren.

Wird ein Girokonto innerhalb eines Monats nach Eröffnung des Insolvenzverfahrens in ein Pfändungsschutzkonto umgewandelt, so gehört nicht nur das zukünftige, sondern auch das im Zeitpunkt der Insolvenzeröffnung auf dem Konto vorhandene Guthaben in Höhe des Freibetrags in entsprechender Anwendung von § 899 Abs. 1 Satz 2 ZPO i. V. m. § 36 Abs. 1 Satz 2 InsO nicht zur Insolvenzmasse.[2] Hier tritt durch die entsprechende Anwendung von § 899 Abs. 1 Satz 2 ZPO die Eröffnung des Insolvenzverfahrens an die Stelle der Zustellung des Überweisungsbeschlusses.[3] Damit ist das im Zeitpunkt der Insolvenzeröffnung auf dem in ein Pfändungsschutzkonto umgewandelten Konto vorhandene Guthaben – und nicht erst das nach Umwandlung entstehende zukünftige Guthaben – im Rahmen des Freibetrags nicht der Pfändung unterworfen und gehört damit auch nicht zur Insolvenzmasse.[4]

---

1 Büchel, ZInsO 2009, 20; Obermüller: Insolvenzrecht in der Bankpraxis, 8. Aufl. 2011, Rn. 2.189; Ehlenz/Diefenbach, Pfändung in Bankkonten und andere Vermögenswerte, Rn. 83 f.; Schultheiß, ZBB 2013, 114 (117) LG Verden, ZIP 2013, 1954 (1955); Ahrens, in: Ahrens/Gehrlein/Ringstmeier, InsO, § 36 Rn. 76; Günther, ZInsO 2013, 859 (861); Sudergat, ZVI 2013, 169 (170). Offengelassen: BGH, Beschl. v. 13.02.2014 – IX ZB 91/12.

2 Sudergat: Kontopfändung und P-Konto, 2. Aufl. 2012, Rn. 741, der allerdings von einer analogen Anwendung der Vorschrift ausgeht; Obermüller: Insolvenzrecht in der Bankpraxis, 8. Aufl. 2011, Rn. 2.190; Casse, InsbürO 2012, 332. A. A. Stritz, InsbürO 2012, 207 (207 f.), der davon ausgeht, dass der Fortbestand des Girovertrags wegen der §§ 115, 116 InsO nicht über den Zeitpunkt der Insolvenzeröffnung hinaus bis zum Umwandlungsbegehren des Kontoinhabers fingiert werden kann. Für den Fall der (konkludenten) Neubegründung eines Girovertrags nach Insolvenzeröffnung meint er, dass eine spätere Umwandlung nicht auf das bei Verfahrenseröffnung vorhandene Vermögen zurückwirkt.

3 A. A. Casse, InsbürO 2012, 332, der für den Beginn der Vier-Wochen-Frist (seit Inkrafttreten des Pfändungsschutzkonto-Fortentwicklungsgesetzes: Monatsfrist) auf den Zeitpunkt abstellt, in dem dem Kreditinstitut eine Mehrfertigung des Eröffnungsbeschlusses vorliegt.

4 A. A. Stritz, InsbürO 2012, 207 (208).

Es kann für das Kreditinstitut dahinstehen, ob die Rückwirkung (entsprechend § 899 Abs. 1 Satz 2 ZPO) auch bisher erfolgte Verfügungen des Insolvenzverwalters erfasst und ein Rückforderungsanspruch des Kontoinhabers gegenüber dem Insolvenzverwalter besteht.[1] Eine solche Rückforderung berührt die Kontoführung des Kreditinstituts nicht, sondern ist ausschließlich eine Angelegenheit zwischen Schuldner und Verwalter. Für den Fall, dass eine Rückforderung bejaht wird, müsste die Rückzahlung auf das Pfändungsschutzkonto dazu führen, dass der Freibetrag einmalig in Höhe der Rückzahlung erhöht wird.

### 12.2.4 Eröffnung eines neuen Girokontos

Trotz des Übergangs der Verfügungsbefugnis auf den Insolvenzverwalter/Treuhänder mit Eröffnung des Insolvenzverfahrens kann der Schuldner weiter wirksam Verpflichtungsgeschäfte eingehen und somit auch einen neuen Giro- bzw. Zahlungsdiensterahmenvertrag mit dem Kreditinstitut schließen.[2] Bei Erfüllung der Voraussetzungen nach §§ 31 ff. ZKG kommt hier auch der Abschluss eines Basiskontovertrags nach § 33 ZKG in Betracht.

---

1 Da anders als bei der Zustellung eines Pfändungs- und Überweisungsbeschlusses bei der Eröffnung eines Insolvenzverfahrens (oder bei der Anordnung eines Verfügungsverbots im Eröffnungsverfahren) kein (einmonatiges) Zahlungsmoratorium (§ 835 Abs. 3 Satz 2 ZPO) gilt, sind Verfügungen des vorläufigen Insolvenzverwalters vor Umwandlung des Kontos in ein Pfändungsschutzkonto – auch wenn die Umwandlung innerhalb der Monatsfrist des § 899 Abs. 1 Satz 2 ZPO erfolgt – nach einer Auffassung weiterhin wirksam (Obermüller: Insolvenzrecht in der Bankpraxis, 8. Aufl. 2011, Rn. 2.190). Die Rückwirkung der Umwandlung des Kontos in ein Pfändungsschutzkonto bezieht sich danach nur auf das im Zeitpunkt der Umwandlung bereits vorhandene Vermögen. Nach anderer Auffassung (Sudergat: Kontopfändung und P-Konto, 2. Aufl. 2012, Rn. 742) besteht wegen der Rückwirkung des Pfändungsschutzes in analoger Anwendung von § 899 Abs. 1 Satz 2 ZPO ein Rückforderungsanspruch des Kontoinhabers gegenüber dem Insolvenzverwalter für die von diesem vorgenommenen Verfügungen.

2 Büchel, ZInsO 2010, 20 (23); Casse, InsbürO 2012, 332 (335).

# *Anhang*

# Anhang 1: Gesetzestexte

Für die Richtigkeit der Gesetzestexte kann – trotz sorgfältiger Zusammenstellung – keine Haftung übernommen werden.

# Zivilprozessordnung (ZPO)

### § 833a Pfändungsumfang bei Kontoguthaben

Die Pfändung des Guthabens eines Kontos bei einem Kreditinstitut umfasst das am Tag der Zustellung des Pfändungsbeschlusses bei dem Kreditinstitut bestehende Guthaben sowie die Tagesguthaben der auf die Pfändung folgenden Tage.

### § 835 Überweisung einer Geldforderung

(1) Die gepfändete Geldforderung ist dem Gläubiger nach seiner Wahl zur Einziehung oder an Zahlungs statt zum Nennwert zu überweisen.

(2) Im letzteren Fall geht die Forderung auf den Gläubiger mit der Wirkung über, dass er, soweit die Forderung besteht, wegen seiner Forderung an den Schuldner als befriedigt anzusehen ist.

(3) Die Vorschriften des § 829 Abs. 2, 3 sind auf die Überweisung entsprechend anzuwenden. Wird ein bei einem Kreditinstitut gepfändetes Guthaben eines Schuldners, der eine natürliche Person ist, dem Gläubiger überwiesen, so darf erst einen Monat nach der Zustellung des Überweisungsbeschlusses an den Drittschuldner aus dem Guthaben an den Gläubiger geleistet oder der Betrag hinterlegt werden; ist künftiges Guthaben gepfändet worden, ordnet das Vollstreckungsgericht auf Antrag zusätzlich an, dass erst vier Wochen nach der Gutschrift von eingehenden Zahlungen an den Gläubiger geleistet oder der Betrag hinterlegt werden darf.

(5) Wenn nicht wiederkehrend zahlbare Vergütungen eines Schuldners, der eine natürliche Person ist, für persönlich geleistete Arbeiten oder Dienste oder sonstige Einkünfte, die kein Arbeitseinkommen sind, dem Gläubiger überwiesen werden, so darf der Drittschuldner erst einen Monat nach der Zustellung des Überweisungsbeschlusses an den Gläubiger leisten oder den Betrag hinterlegen.

### § 840 Erklärungspflicht des Drittschuldners

(1) Auf Verlangen des Gläubigers hat der Drittschuldner binnen zwei Wochen, von der Zustellung des Pfändungsbeschlusses an gerechnet, dem Gläubiger zu erklären:

1. ob und inwieweit er die Forderung als begründet anerkenne und Zahlung zu leisten bereit sei;
2. ob und welche Ansprüche andere Personen an die Forderung machen;
3. ob und wegen welcher Ansprüche die Forderung bereits für andere Gläubiger gepfändet sei;
4. ob innerhalb der letzten zwölf Monate im Hinblick auf das Konto,

dessen Guthaben gepfändet worden ist, nach § 907 die Unpfändbarkeit des Guthabens festgesetzt worden ist, und
5. ob es sich bei dem Konto, dessen Guthaben gepfändet worden ist, um ein Pfändungsschutzkonto im Sinne von § 850k oder ein Gemeinschaftskonto im Sinne von § 850l handelt; bei einem Gemeinschaftskonto ist zugleich anzugeben, ob der Schuldner nur gemeinsam mit einer oder mehreren anderen Personen verfügungsbefugt ist.

(2) Die Aufforderung zur Abgabe dieser Erklärungen muss in die Zustellungsurkunde aufgenommen werden. Der Drittschuldner haftet dem Gläubiger für den aus der Nichterfüllung seiner Verpflichtung entstehenden Schaden.

(3) Die Erklärungen des Drittschuldners können bei Zustellung des Pfändungsbeschlusses oder innerhalb der im ersten Abs. bestimmten Frist an den Gerichtsvollzieher erfolgen. Im ersteren Fall sind sie in die Zustellungsurkunde aufzunehmen und von dem Drittschuldner zu unterschreiben.

### § 850c Pfändungsgrenzen für Arbeitseinkommen

(1) Arbeitseinkommen ist unpfändbar, wenn es, je nach dem Zeitraum, für den es gezahlt wird, nicht mehr als

1. 1 178,59 Euro monatlich,
2. 271,24 Euro wöchentlich oder
3. 54,25 Euro täglich

beträgt.

(2) Gewährt der Schuldner auf Grund einer gesetzlichen Verpflichtung seinem Ehegatten, einem früheren Ehegatten, seinem Lebenspartner, einem früheren Lebenspartner, einem Verwandten oder nach den §§ 1615l und 1615n des Bürgerlichen Gesetzbuchs einem Elternteil Unterhalt, so erhöht sich der Betrag nach Abs. 1 für die erste Person, der Unterhalt gewährt wird, und zwar um

1. 443,57 Euro monatlich,
2. 102,08 Euro wöchentlich oder
3. 20,42 Euro täglich.

Für die zweite bis fünfte Person, der Unterhalt gewährt wird, erhöht sich der Betrag nach Abs. 1 um je

1. 247,12 Euro monatlich,
2. 56,87 Euro wöchentlich oder
3. 11,37 Euro täglich.

(3) Übersteigt das Arbeitseinkommen den Betrag nach Abs. 1, so ist es hinsichtlich des überschießenden Teils in Höhe von drei Zehnteln unpfändbar. Gewährt der Schuldner nach Abs. 2 Unterhalt, so sind für die erste Person weitere zwei Zehntel und für die zweite bis fünfte Person jeweils ein weiteres Zehntel unpfändbar. Der Teil des Arbeitseinkommens, der

1. 3 613,08 Euro monatlich,
2. 831,50 Euro wöchentlich oder
3. 166,30 Euro täglich

übersteigt, bleibt bei der Berechnung des unpfändbaren Betrages unberücksichtigt.

(4) Das Bundesministerium der Justiz und für Verbraucherschutz macht im Bundesgesetzblatt Folgendes bekannt (Pfändungsfreigrenzenbekanntmachung):

1. die Höhe des unpfändbaren Arbeitseinkommens nach Abs. 1,

2. die Höhe der Erhöhungsbeträge nach Abs. 2,
3. die Höhe der in Abs. 3 Satz 3 genannten Höchstbeträge.

Die Beträge werden jeweils zum 1. Juli eines Jahres entsprechend der im Vergleich zum jeweiligen Vorjahreszeitraum sich ergebenden prozentualen Entwicklung des Grundfreibetrages nach § 32a Abs. 1 Satz 2 Nr. 1 des Einkommensteuergesetzes angepasst; der Berechnung ist die am 1. Januar des jeweiligen Jahres geltende Fassung des § 32a Abs. 1 Satz 2 Nr. 1 des Einkommensteuergesetzes zugrunde zu legen.

(5) Um den nach Abs. 3 pfändbaren Teil des Arbeitseinkommens zu berechnen, ist das Arbeitseinkommen, gegebenenfalls nach Abzug des nach Abs. 3 Satz 3 pfändbaren Betrages, auf eine Zahl abzurunden, die bei einer Auszahlung für

1. Monate bei einer Teilung durch 10 eine natürliche Zahl ergibt,
2. Wochen bei einer Teilung durch 2,5 eine natürliche Zahl ergibt,
3. Tage bei einer Teilung durch 0,5 eine natürliche Zahl ergibt.

Die sich aus der Berechnung nach Satz 1 ergebenden Beträge sind in der Pfändungsfreigrenzenbekanntmachung als Tabelle enthalten. Im Pfändungsbeschluss genügt die Bezugnahme auf die Tabelle.

(6) Hat eine Person, welcher der Schuldner auf Grund gesetzlicher Verpflichtung Unterhalt gewährt, eigene Einkünfte, so kann das Vollstreckungsgericht auf Antrag des Gläubigers nach billigem Ermessen bestimmen, dass diese Person bei der Berechnung des unpfändbaren Teils des Arbeitseinkommens ganz oder teilweise unberücksichtigt bleibt; soll die Person nur teilweise berücksichtigt werden, so ist Abs. 5 Satz 3 nicht anzuwenden.

## § 850f Änderung des unpfändbaren Betrages

(1) Das Vollstreckungsgericht kann dem Schuldner auf Antrag von dem nach den Bestimmungen der §§ 850c, 850d und 850i pfändbaren Teil seines Arbeitseinkommens einen Teil belassen, wenn

1. der Schuldner nachweist, dass bei Anwendung der Pfändungsfreigrenzen entsprechend § 850c der notwendige Lebensunterhalt im Sinne des Dritten und Vierten Kapitels des Zwölften Buches Sozialgesetzbuch oder nach Kapitel 3 Abschnitt 2 des Zweiten Buches Sozialgesetzbuch für sich und für die Personen, denen er gesetzlich zum Unterhalt verpflichtet ist, nicht gedeckt ist,
2. besondere Bedürfnisse des Schuldners aus persönlichen oder beruflichen Gründen oder
3. der besondere Umfang der gesetzlichen Unterhaltspflichten des Schuldners, insbesondere die Zahl der Unterhaltsberechtigten, dies erfordern

und überwiegende Belange des Gläubigers nicht entgegenstehen.

(2) Wird die Zwangsvollstreckung wegen einer Forderung aus einer vorsätzlich begangenen unerlaubten Handlung betrieben, so kann das Vollstreckungsgericht auf Antrag des Gläubigers den pfändbaren Teil des Arbeitseinkommens ohne Rücksicht auf die in § 850c vorgesehenen Beschränkungen bestimmen; dem Schuldner ist jedoch so viel zu belassen, wie er für seinen notwendigen Unterhalt und zur Er-

füllung seiner laufenden gesetzlichen Unterhaltspflichten bedarf.

### § 850k Einrichtung und Beendigung des Pfändungsschutzkontos

(1) Eine natürliche Person kann jederzeit von dem Kreditinstitut verlangen, dass ein von ihr dort geführtes Zahlungskonto als Pfändungsschutzkonto geführt wird. Satz 1 gilt auch, wenn das Zahlungskonto zum Zeitpunkt des Verlangens einen negativen Saldo aufweist. Ein Pfändungsschutzkonto darf jedoch ausschließlich auf Guthabenbasis geführt werden.

(2) Ist Guthaben auf dem Zahlungskonto bereits gepfändet worden, kann der Schuldner die Führung dieses Kontos als Pfändungsschutzkonto zum Beginn des vierten auf sein Verlangen folgenden Geschäftstages fordern. Das Vertragsverhältnis zwischen dem Kontoinhaber und dem Kreditinstitut bleibt im Übrigen unberührt.

(3) Jede Person darf nur ein Pfändungsschutzkonto unterhalten. Bei dem Verlangen nach Abs. 1 hat der Kunde gegenüber dem Kreditinstitut zu versichern, dass er kein weiteres Pfändungsschutzkonto unterhält.

(4) Unterhält ein Schuldner entgegen Abs. 3 Satz 1 mehrere Zahlungskonten als Pfändungsschutzkonten, ordnet das Vollstreckungsgericht auf Antrag des Gläubigers an, dass nur das von dem Gläubiger in seinem Antrag bezeichnete Zahlungskonto dem Schuldner als Pfändungsschutzkonto verbleibt. Der Gläubiger hat den Umstand, dass ein Schuldner entgegen Satz 1 mehrere Zahlungskonten als Pfändungsschutzkonten unterhält, durch Vorlage entsprechender Erklärungen der Drittschuldner glaubhaft zu machen. Eine Anhörung des Schuldners durch das Vollstreckungsgericht unterbleibt. Die Anordnung nach Satz 1 ist allen Drittschuldnern zuzustellen. Mit der Zustellung der Anordnung an diejenigen Kreditinstitute, deren Zahlungskonten nicht zum Pfändungsschutzkonto bestimmt sind, entfallen die Wirkungen dieser Pfändungsschutzkonten.

(5) Der Kontoinhaber kann mit einer Frist von mindestens vier Geschäftstagen zum Monatsende von dem Kreditinstitut verlangen, dass das dort geführte Pfändungsschutzkonto als Zahlungskonto ohne Pfändungsschutz geführt wird. Abs. 2 Satz 2 gilt entsprechend.

### § 850l Pfändung des Gemeinschaftskontos

(1) Unterhält der Schuldner, der eine natürliche Person ist, mit einer anderen natürlichen oder mit einer juristischen Person oder mit einer Mehrheit von Personen ein Gemeinschaftskonto und wird Guthaben auf diesem Konto gepfändet, so darf das Kreditinstitut erst nach Ablauf von einem Monat nach Zustellung des Überweisungsbeschlusses aus dem Guthaben an den Gläubiger leisten oder den Betrag hinterlegen. Satz 1 gilt auch für künftiges Guthaben.

(2) Ist der Schuldner eine natürliche Person, kann er innerhalb des Zeitraums nach Abs. 1 Satz 1 von dem Kreditinstitut verlangen, bestehendes oder künftiges Guthaben von dem Gemeinschaftskonto auf ein bei dem Kreditinstitut allein auf seinen Namen lautendes Zahlungskonto zu übertragen. Wird Guthaben nach Satz 1 übertragen und verlangt der Schuldner innerhalb des Zeitraums nach Abs. 1 Satz 1, dass das Zahlungskonto als Pfändungsschutz-

konto geführt wird, so ist auf das übertragene Guthaben § 899 Abs. 1 Satz 1 und 3 entsprechend anzuwenden. Für die Übertragung nach Satz 1 ist eine Mitwirkung anderer Kontoinhaber oder des Gläubigers nicht erforderlich. Der Übertragungsbetrag beläuft sich auf den Kopfteil des Schuldners an dem Guthaben. Sämtliche Kontoinhaber und der Gläubiger können sich auf eine von Satz 4 abweichende Aufteilung des Übertragungsbetrages einigen; die Vereinbarung ist dem Kreditinstitut in Textform mitzuteilen.

(3) Abs. 2 Satz 1 und 3 bis 5 ist auf natürliche Personen, mit denen der Schuldner das Gemeinschaftskonto unterhält, entsprechend anzuwenden.

(4) Die Wirkungen von Pfändung und Überweisung von Guthaben auf dem Gemeinschaftskonto setzen sich an dem nach Abs. 2 Satz 1 auf ein Einzelkonto des Schuldners übertragenen Guthaben fort; sie setzen sich nicht an dem Guthaben fort, das nach Abs. 3 übertragen wird.

### § 899 Pfändungsfreier Betrag; Übertragung

(1) Wird Guthaben auf dem Pfändungsschutzkonto des Schuldners gepfändet, kann der Schuldner jeweils bis zum Ende des Kalendermonats aus dem Guthaben über einen Betrag verfügen, dessen Höhe sich nach Aufrundung des monatlichen Freibetrages nach § 850c Abs. 1 in Verbindung mit Abs. 4 auf den nächsten vollen 10-Euro-Betrag ergibt; insoweit wird das Guthaben nicht von der Pfändung erfasst. Satz 1 gilt entsprechend, wenn Guthaben auf einem Zahlungskonto des Schuldners gepfändet ist, das vor Ablauf von einem Monat seit der Zustellung des Überweisungsbeschlusses an den Drittschuldner in ein Pfändungsschutzkonto umgewandelt wird. § 900 Abs. 2 bleibt unberührt.

(2) Hat der Schuldner in dem jeweiligen Kalendermonat nicht über Guthaben in Höhe des gesamten nach Abs. 1 pfändungsfreien Betrages verfügt, wird dieses nicht verbrauchte Guthaben in den drei nachfolgenden Kalendermonaten zusätzlich zu dem nach Abs. 1 geschützten Guthaben nicht von der Pfändung erfasst. Verfügungen sind jeweils mit dem Guthaben zu verrechnen, das zuerst dem Pfändungsschutzkonto gutgeschrieben wurde.

(3) Einwendungen gegen die Höhe eines pfändungsfreien Betrages hat der Schuldner dem Kreditinstitut spätestens bis zum Ablauf des sechsten auf die Berechnung des jeweiligen pfändungsfreien Betrages folgenden Kalendermonats mitzuteilen. Nach Ablauf dieser Frist kann der Schuldner nur Einwendungen geltend machen, deren verspätete Geltendmachung er nicht zu vertreten hat.

### § 900 Moratorium bei Überweisung an den Gläubiger

(1) Wird künftiges Guthaben auf einem Pfändungsschutzkonto gepfändet und dem Gläubiger überwiesen, darf der Drittschuldner erst nach Ablauf des Kalendermonats, der auf die jeweilige Gutschrift folgt, an den Gläubiger leisten oder den Betrag hinterlegen; eine Verlängerung des in § 899 Abs. 2 bezeichneten Zeitraums erfolgt dadurch nicht. Auf Antrag des Gläubigers kann das Vollstreckungsgericht eine von Satz 1 erster Halbs. abweichende Anordnung treffen, wenn sonst unter Würdigung des Schutzbedürfnisses des Schuldners für den Gläubiger eine unzumutbare Härte entstünde.

(2) Guthaben, aus dem bis zum Ablauf der Frist des Absatzes 1 nicht an den Gläubiger geleistet oder das bis zu diesem Zeitpunkt nicht hinterlegt werden darf, ist in dem auf die Gutschrift folgenden Kalendermonat Guthaben im Sinne von § 899 Abs. 1 Satz 1.

### § 901 Verbot der Aufrechnung und Verrechnung

(1) Verlangt eine natürliche Person von dem Kreditinstitut, dass ein von ihr dort geführtes Zahlungskonto, das einen negativen Saldo aufweist, als Pfändungsschutzkonto geführt wird, darf das Kreditinstitut ab dem Verlangen nicht mit seinen Forderungen gegen Forderungen des Kontoinhabers aufrechnen oder einen zugunsten des Kontoinhabers bestehenden Saldo mit einem zugunsten des Kreditinstituts bestehenden Saldo verrechnen, soweit die Gutschrift auf dem Zahlungskonto als Guthaben auf einem Pfändungsschutzkonto nicht von der Pfändung erfasst sein würde.

(2) Das Verbot der Aufrechnung und Verrechnung nach Abs. 1 gilt für ein Zahlungskonto, auf das sich eine Pfändung erstreckt, bereits ab dem Zeitpunkt der Kenntnis des Kreditinstituts von der Pfändung. Das Verbot der Aufrechnung oder Verrechnung entfällt jedoch, wenn der Schuldner nicht gemäß § 899 Absatz 1 Satz 2 verlangt, dass das Zahlungskonto als Pfändungsschutzkonto geführt wird.

(3) Gutschriften auf dem Zahlungskonto, die nach Abs. 1 oder 2 dem Verbot der Aufrechnung und Verrechnung unterliegen, sind als Guthaben auf das Pfändungsschutzkonto zu übertragen. Im Fall des Absatzes 2 erfolgt die Übertragung jedoch nur, wenn der Schuldner gemäß § 899 Abs. 1 Satz 2 verlangt, dass das Zahlungskonto als Pfändungsschutzkonto geführt wird.

### § 902 Erhöhungsbeträge

Neben dem pfändungsfreien Betrag nach § 899 Abs. 1 Satz 1 werden folgende Erhöhungsbeträge nicht von der Pfändung des Guthabens auf einem Pfändungsschutzkonto erfasst:

1. die pfändungsfreien Beträge nach § 850c Abs. 2 in Verbindung mit Abs. 4, wenn der Schuldner
   a) einer Person oder mehreren Personen auf Grund gesetzlicher Verpflichtung Unterhalt gewährt;
   b) Geldleistungen nach dem Zweiten oder Zwölften Buch Sozialgesetzbuch für Personen entgegennimmt, die mit ihm in einer Bedarfsgemeinschaft im Sinne des § 7 Abs. 3 des Zweiten Buches Sozialgesetzbuch oder in einer Gemeinschaft nach den §§ 19, 20, 27, 39 Satz 1 oder § 43 des Zwölften Buches Sozialgesetzbuch leben und denen er nicht auf Grund gesetzlicher Vorschriften zum Unterhalt verpflichtet ist;
   c) Geldleistungen nach dem Asylbewerberleistungsgesetz für Personen entgegennimmt, mit denen er in einem gemeinsamen Haushalt zusammenlebt und denen er nicht auf Grund gesetzlicher Vorschriften zum Unterhalt verpflichtet ist;
2. Geldleistungen im Sinne des § 54 Abs. 2 oder Abs. 3 Nr. 3 des Ersten Buches Sozialgesetzbuch;
3. Geldleistungen gemäß § 5 Abs. 1 des Gesetzes zur Errichtung einer Stiftung „Mutter und Kind – Schutz des ungeborenen Lebens";
4. Geldleistungen, die dem Schuldner selbst nach dem Zweiten oder

Zwölften Buch Sozialgesetzbuch oder dem Asylbewerberleistungsgesetz gewährt werden, in dem Umfang, in dem diese den pfändungsfreien Betrag nach § 899 Abs. 1 Satz 1 übersteigen;
5. das Kindergeld nach dem Einkommensteuergesetz und andere gesetzliche Geldleistungen für Kinder, es sei denn, dass wegen einer Unterhaltsforderung eines Kindes, für das die Leistungen gewährt oder bei dem es berücksichtigt wird, gepfändet wird;
6. Geldleistungen, die dem Schuldner nach landesrechtlichen oder anderen als in den Nummern 1 bis 5 genannten bundesrechtlichen Rechtsvorschriften gewährt werden, in welchen die Unpfändbarkeit der Geldleistung festgelegt wird.

Für die Erhöhungsbeträge nach Satz 1 gilt § 899 Abs. 2 entsprechend.

### § 903 Nachweise über Erhöhungsbeträge

(1) Das Kreditinstitut kann aus Guthaben, soweit es als Erhöhungsbetrag unpfändbar ist, mit befreiender Wirkung gegenüber dem Schuldner an den Gläubiger leisten, bis der Schuldner dem Kreditinstitut nachweist, dass es sich um Guthaben handelt, das nach § 902 nicht von der Pfändung erfasst wird. Der Nachweis ist zu führen durch Vorlage einer Bescheinigung

1. der Familienkasse, des Sozialleistungsträgers oder einer mit der Gewährung von Geldleistungen im Sinne von § 902 Satz 1 befassten Einrichtung,
2. des Arbeitgebers oder
3. einer geeigneten Person oder Stelle im Sinne von § 305 Abs. 1 Nr. 1 der Insolvenzordnung.

(2) Das Kreditinstitut hat Bescheinigungen nach Abs. 1 Satz 2 für die Dauer zu beachten, für die sie ausgestellt sind. Unbefristete Bescheinigungen hat das Kreditinstitut für die Dauer von zwei Jahren zu beachten. Nach Ablauf des in Satz 2 genannten Zeitraums kann das Kreditinstitut von dem Kontoinhaber, der eine Bescheinigung nach Abs. 1 Satz 2 vorgelegt hat, die Vorlage einer neuen Bescheinigung verlangen. Vor Ablauf des in Satz 2 genannten Zeitraums kann das Kreditinstitut eine neue Bescheinigung verlangen, wenn tatsächliche Anhaltspunkte bestehen, die die Annahme rechtfertigen, dass die Angaben in der Bescheinigung unrichtig sind oder nicht mehr zutreffen.

(3) Jede der in Abs. 1 Satz 2 Nr. 1 genannten Stellen, die Leistungen im Sinne von § 902 Satz 1 Nr. 1 Buchst. b und c sowie Nr. 2 bis 6 durch Überweisung auf ein Zahlungskonto des Schuldners erbringt, ist verpflichtet, auf Antrag des Schuldners eine Bescheinigung nach Abs. 1 Satz 2 über ihre Leistungen auszustellen. Die Bescheinigung muss folgende Angaben enthalten:

1. die Höhe der Leistung,
2. in welcher Höhe die Leistung zu welcher der in § 902 Satz 1 Nr. 1 Buchst. b und c sowie Nr. 2 bis 6 genannten Leistungsarten gehört,
3. für welchen Zeitraum die Leistung gewährt wird.

Darüber hinaus ist die in Abs. 1 Satz 2 Nr. 1 genannte Stelle verpflichtet, soweit sie Kenntnis hiervon hat, Folgendes zu bescheinigen:

1. die Anzahl der Personen, denen der Schuldner auf Grund gesetzlicher Verpflichtung Unterhalt gewährt,
2. das Geburtsdatum der minderjährigen unterhaltsberechtigten Personen.

(4) Das Kreditinstitut hat die Angaben in der Bescheinigung nach Abs. 1 Satz 2 ab dem zweiten auf die Vorlage der Bescheinigung folgenden Geschäftstag zu beachten.

### § 904 Nachzahlung von Leistungen

(1) Werden laufende Geldleistungen zu einem späteren Zeitpunkt als dem Monat, auf den sich die Leistungen beziehen, ausbezahlt, so werden sie von der Pfändung des Guthabens auf dem Pfändungsschutzkonto nicht erfasst, wenn es sich um Geldleistungen gemäß § 902 Satz 1 Nr. 1 Buchst. b oder c oder Nr. 4 bis 6 handelt.

(2) Laufende Geldleistungen nach dem Sozialgesetzbuch, die nicht in Abs. 1 genannt sind, sowie Arbeitseinkommen nach § 850 Abs. 2 und 3 werden von der Pfändung des Guthabens auf dem Pfändungsschutzkonto nicht erfasst, wenn der nachgezahlte Betrag 500 Euro nicht übersteigt.

(3) Laufende Geldleistungen nach Abs. 2, bei denen der nachgezahlte Betrag 500 Euro übersteigt, werden von der Pfändung des Guthabens auf dem Pfändungsschutzkonto nicht erfasst, soweit der für den jeweiligen Monat nachgezahlte Betrag in dem Monat, auf den er sich bezieht, nicht zu einem pfändbaren Guthaben geführt hätte. Wird die Nachzahlung pauschal und für einen Bewilligungszeitraum gewährt, der länger als ein Monat ist, ist die Nachzahlungssumme zu gleichen Teilen auf die Zahl der betroffenen Monate aufzuteilen.

(4) Für Nachzahlungen von Leistungen nach den Absätzen 1 und 2 gilt § 903 Abs. 1, 3 Satz 1 und Abs. 4 entsprechend.

(5) Für die Festsetzung der Höhe des pfändungsfreien Betrages in den Fällen des Absatzes 3 ist das Vollstreckungsgericht zuständig. Entscheidungen nach Satz 1 ergehen auf Antrag des Schuldners durch Beschluss. Der Beschluss nach Satz 2 gilt als Bescheinigung im Sinne von § 903 Abs. 1 Satz 2.

### § 905 Festsetzung der Erhöhungsbeträge durch das Vollstreckungsgericht

Macht der Schuldner glaubhaft, dass er eine Bescheinigung im Sinne von § 903 Abs. 1 Satz 2, um deren Erteilung er

1. zunächst bei einer in § 903 Abs. 1 Satz 2 Nr. 1 genannten Stelle, von der er eine Leistung bezieht, und nachfolgend
2. bei einer weiteren Stelle, die zur Erteilung der Bescheinigung berechtigt ist,

nachgesucht hat, nicht in zumutbarer Weise von diesen Stellen erlangen konnte, hat das Vollstreckungsgericht in dem Beschluss auf Antrag die Erhöhungsbeträge nach § 902 festzusetzen und die Angaben nach § 903 Abs. 3 Satz 2 zu bestimmen. Dabei hat das Vollstreckungsgericht den Schuldner auf die Möglichkeit der Stellung eines Antrags nach § 907 Abs. 1 Satz 1 hinzuweisen, wenn nach dem Vorbringen des Schuldners unter Beachtung der von ihm vorgelegten Unterlagen die Voraussetzungen dieser Vorschrift erfüllt sein könnten. Der Beschluss des Vollstreckungsgerichts nach Satz 1 gilt als Bescheinigung im Sinne des § 903 Abs. 1 Satz 2.

### § 906 Festsetzung eines abweichenden pfändungsfreien Betrages durch das Vollstreckungsgericht

(1) Wird Guthaben wegen einer der in § 850d oder § 850f Abs. 2 bezeichneten Forderungen gepfändet, tritt an die Stelle der nach § 899 Abs. 1 und § 902 Satz 1 pfändungsfreien Beträge der vom Vollstreckungsgericht im Pfändungsbeschluss belassene Betrag. In den Fällen des § 850d Abs. 1 und 2 kann das Vollstreckungsgericht auf Antrag einen von Satz 1 abweichenden pfändungsfreien Betrag festlegen.

(2) Das Vollstreckungsgericht setzt auf Antrag einen von § 899 Abs. 1 und § 902 Satz 1 abweichenden pfändungsfreien Betrag fest, wenn sich aus einer bundes- oder landesrechtlichen Vorschrift eine solche Abweichung ergibt.

(3) In den Fällen des Absatzes 1 Satz 2 und des Absatzes 2

1. ist der Betrag in der Regel zu beziffern,
2. hat das Vollstreckungsgericht zu prüfen, ob eine der in § 732 Abs. 2 bezeichneten Anordnungen zu erlassen ist, und
3. gilt § 905 Satz 2 entsprechend.

(4) Für Beträge, die nach den Absätzen 1 oder 2 festgesetzt sind, gilt § 899 Abs. 2 entsprechend.

### § 907 Festsetzung der Unpfändbarkeit von Kontoguthaben auf dem Pfändungsschutzkonto

(1) Auf Antrag des Schuldners kann das Vollstreckungsgericht festsetzen, dass das Guthaben auf dem Pfändungsschutzkonto für die Dauer von bis zu zwölf Monaten der Pfändung nicht unterworfen ist, wenn der Schuldner

1. nachweist, dass dem Konto in den letzten sechs Monaten vor Antragstellung ganz überwiegend nur unpfändbare Beträge gutgeschrieben worden sind, und
2. glaubhaft macht, dass auch innerhalb der nächsten sechs Monate ganz überwiegend nur die Gutschrift unpfändbarer Beträge zu erwarten ist.

Die Festsetzung ist abzulehnen, wenn ihr überwiegende Belange des Gläubigers entgegenstehen.

(2) Auf Antrag jedes Gläubigers ist die Festsetzung der Unpfändbarkeit aufzuheben, wenn deren Voraussetzungen nicht mehr vorliegen oder die Festsetzung den überwiegenden Belangen des den Antrag stellenden Gläubigers entgegensteht. Der Schuldner hat die Gläubiger auf eine wesentliche Veränderung seiner Vermögensverhältnisse unverzüglich hinzuweisen.

### § 908 Aufgaben des Kreditinstituts

(1) Das Kreditinstitut ist dem Schuldner zur Leistung aus dem nicht von der Pfändung erfassten Guthaben im Rahmen des vertraglich Vereinbarten verpflichtet.

(2) Das Kreditinstitut informiert den Schuldner in einer für diesen geeigneten und zumutbaren Weise über

1. das im laufenden Kalendermonat noch verfügbare von der Pfändung nicht erfasste Guthaben und
2. den Betrag, der mit Ablauf des laufenden Kalendermonats nicht mehr pfändungsfrei ist.

(3) Das Kreditinstitut hat dem Kontoinhaber die Absicht, eine neue Bescheinigung nach § 903 Abs. 2 Satz 3 zu verlangen, mindestens zwei Monate vor dem Zeitpunkt, ab dem es die ihm vorliegende Bescheinigung nicht mehr berücksichtigen will, mitzuteilen.

### § 909 Datenweitergabe; Löschungspflicht

(1) Das Kreditinstitut darf zum Zwecke der Überprüfung der Richtigkeit der Versicherung nach § 850k Abs. 3 Satz 2 Auskunfteien mitteilen, dass es für den Kontoinhaber ein Pfändungsschutzkonto führt. Nur zu diesem Zweck dürfen die Auskunfteien diese Angabe verarbeiten und sie nur auf Anfrage anderer Kreditinstitute an diese übermitteln. Die Verarbeitung zu einem anderen Zweck ist auch mit Einwilligung des Kontoinhabers unzulässig.

(2) Wird das Pfändungsschutzkonto für den Kontoinhaber nicht mehr geführt, hat das Kreditinstitut die Auskunfteien, die nach Abs. 1 Satz 1 eine Mitteilung erhalten haben, unverzüglich zu unterrichten. Die Auskunfteien haben nach Erhalt dieser Unterrichtung die Angabe über die Führung des Pfändungsschutzkontos unverzüglich zu löschen.

### § 910 Verwaltungsvollstreckung

Die §§ 850k und 850l sowie die Regelungen dieses Abschnitts gelten auch bei einer Pfändung von Kontoguthaben wegen Forderungen, die im Wege der Verwaltungsvollstreckung nach Bundesrecht beigetrieben werden. Mit Ausnahme der Fälle des § 850k Abs. 4 Satz 1, des § 904 Abs. 5 und des § 907 tritt die Vollstreckungsbehörde an die Stelle des Vollstreckungsgerichts.

# Insolvenzordnung (InsO)

### § 36 Unpfändbare Gegenstände

(1) Gegenstände, die nicht der Zwangsvollstreckung unterliegen, gehören nicht zur Insolvenzmasse. Die §§ 850, 850a, 850c, 850e, 850f Abs. 1, 850g bis 850l, 851c, 851d, 899 bis 904, 905 Satz 1 und 3 sowie § 906 Abs. 2 bis 4der Zivilprozessordnung gelten entsprechend. Verfügungen des Schuldners über Guthaben, das nach den Vorschriften der Zivilprozessordnung über die Wirkungen des Pfändungsschutzkontos nicht von der Pfändung erfasst wird, bedürfen zu ihrer Wirksamkeit nicht der Freigabe dieses Kontoguthabens durch den Insolvenzverwalter.

(2) Zur Insolvenzmasse gehören jedoch

1. die Geschäftsbücher des Schuldners; gesetzliche Pflichten zur Aufbewahrung von Unterlagen bleiben unberührt;
2. die Sachen, die nach § 811 Abs. 1 Nr. 4 und 9 der Zivilprozeßordnung nicht der Zwangsvollstreckung unterliegen.

(3) Sachen, die zum gewöhnlichen Hausrat gehören und im Haushalt des Schuldners gebraucht werden, gehören nicht zur Insolvenzmasse, wenn ohne weiteres ersichtlich ist, dass durch ihre Verwertung nur ein Erlös erzielt werden würde, der zu dem Wert außer allem Verhältnis steht.

(4) Für Entscheidungen, ob ein Gegenstand nach den in Abs. 1 Satz 2 genannten Vorschriften der Zwangsvollstreckung unterliegt, ist das Insolvenzgericht zuständig. Anstelle eines Gläubigers ist der Insolvenzverwalter antragsberechtigt. 3Für das Eröffnungsverfahren gelten die Sätze 1 und 2 entsprechend.

### § 115 Erlöschen von Aufträgen

(1) Ein vom Schuldner erteilter Auftrag, der sich auf das zur Insolvenzmasse gehörende Vermögen bezieht, erlischt durch die Eröffnung des Insolvenzverfahrens.

(2) Der Beauftragte hat, wenn mit dem Aufschub Gefahr verbunden ist, die Besorgung des übertragenen Geschäfts fortzusetzen, bis der Insolvenzverwalter anderweitig Fürsorge treffen kann. Der Auftrag gilt insoweit als fortbestehend. 3Mit seinen Ersatzansprüchen aus dieser Fortsetzung ist der Beauftragte Massegläubiger.

(3) Solange der Beauftragte die Eröffnung des Verfahrens ohne Verschulden nicht kennt, gilt der Auftrag zu seinen Gunsten als fortbestehend. Mit den Ersatzansprüchen aus dieser Fortsetzung ist der Beauftragte Insolvenzgläubiger.

### § 116 Erlöschen von Geschäftsbesorgungsverträgen

Hat sich jemand durch einen Dienst- oder Werkvertrag mit dem Schuldner verpflichtet, ein Geschäft für diesen zu besorgen, so gilt § 115 entsprechend. Dabei gelten die Vorschriften für die Ersatzansprüche aus der Fortsetzung der Geschäftsbesorgung auch für die Vergütungsansprüche. Satz 1 findet keine Anwendung auf Zahlungsaufträge sowie auf Aufträge zwischen Zahlungsdienstleistern oder zwischengeschalteten Stellen und Aufträge zur Übertragung von Wertpapieren; diese bestehen mit Wirkung für die Masse fort.

## Abgabenordnung (AO)

### § 258 Einstweilige Einstellung oder Beschränkung der Vollstreckung

Soweit im Einzelfall die Vollstreckung unbillig ist, kann die Vollstreckungsbehörde sie einstweilen einstellen oder beschränken oder eine Vollstreckungsmaßnahme aufheben.

### § 309 Pfändung einer Geldforderung

(1) Soll eine Geldforderung gepfändet werden, so hat die Vollstreckungsbehörde dem Drittschuldner schriftlich zu verbieten, an den Vollstreckungsschuldner zu zahlen, und dem Vollstreckungsschuldner schriftlich zu gebieten, sich jeder Verfügung über die Forderung, insbesondere ihrer Einziehung, zu enthalten (Pfändungsverfügung). Die elektronische Form ist ausgeschlossen.

(2) Die Pfändung ist bewirkt, wenn die Pfändungsverfügung dem Drittschuldner zugestellt ist. Die an den Drittschuldner zuzustellende Pfändungsverfügung soll den beizutreibenden Geldbetrag nur in einer Summe, ohne

Angabe der Steuerarten und der Zeiträume, für die er geschuldet wird, bezeichnen. Die Zustellung ist dem Vollstreckungsschuldner mitzuteilen.

(3) Bei Pfändung des Guthabens eines Kontos des Vollstreckungsschuldners bei einem Kreditinstitut gelten die §§ 833a und 850l der Zivilprozessordnung entsprechend. § 850l der Zivilprozessordnung gilt mit der Maßgabe, dass Anträge bei dem nach § 828 Abs. 2 der Zivilprozessordnung zuständigen Vollstreckungsgericht zu stellen sind.

### § 314 Einziehungsverfügung

(1) Die Vollstreckungsbehörde ordnet die Einziehung der gepfändeten Forderung an. § 309 Abs. 2 gilt entsprechend.

(2) Die Einziehungsverfügung kann mit der Pfändungsverfügung verbunden werden.

(3) Wird die Einziehung eines bei einem Geldinstitut gepfändeten Guthabens eines Vollstreckungsschuldners, der eine natürliche Person ist, angeordnet, so gilt § 835 Abs. 3 Satz 2 und Abs. 4 der Zivilprozessordnung entsprechend.

(4) Wird die Einziehung einer gepfändeten nicht wiederkehrend zahlbaren Vergütung eines Vollstreckungsschuldners, der eine natürliche Person ist, für persönlich geleistete Arbeiten oder Dienste oder sonstige Einkünfte, die kein Arbeitslohn sind, angeordnet, so gilt § 835 Abs. 5 der Zivilprozessordnung entsprechend.

### § 316 Erklärungspflicht des Drittschuldners

(1) Auf Verlangen der Vollstreckungsbehörde hat ihr der Drittschuldner binnen zwei Wochen, von der Zustellung der Pfändungsverfügung an gerechnet, zu erklären:

1. ob und inwieweit er die Forderung als begründet anerkenne und bereit sei zu zahlen,
2. ob und welche Ansprüche andere Personen an die Forderung erheben,
3. ob und wegen welcher Ansprüche die Forderung bereits für andere Gläubiger gepfändet sei,
4. ob innerhalb der letzten zwölf Monate im Hinblick auf das Konto, dessen Guthaben gepfändet worden ist, nach § 850l der Zivilprozessordnung die Unpfändbarkeit des Guthabens angeordnet worden ist, und
5. ob es sich bei dem Konto, dessen Guthaben gepfändet worden ist, um ein Pfändungsschutzkonto im Sinne von § 850k Abs. 7 der Zivilprozessordnung handelt.

Die Erklärung des Drittschuldners zu Nr. 1 gilt nicht als Schuldanerkenntnis.

(2) Die Aufforderung zur Abgabe dieser Erklärung kann in die Pfändungsverfügung aufgenommen werden. Der Drittschuldner haftet der Vollstreckungsbehörde für den Schaden, der aus der Nichterfüllung seiner Verpflichtung entsteht. Er kann zur Abgabe der Erklärung durch ein Zwangsgeld angehalten werden; § 334 ist nicht anzuwenden.

(3) Die §§ 841 bis 843 der Zivilprozessordnung sind anzuwenden.

# Anhang 2: Musterbescheinigung der AG SBV zu § 903 ZPO

## B e s c h e i n i g u n g

nach § 903 Abs. 1 ZPO über die gemäß §§ 902 und 904 ZPO von der Pfändung nicht erfassten Beträge auf einem Pfändungsschutzkonto

|  |  |  |
|---|---|---|
| **I. Bezeichnung der bescheinigenden Person oder Stelle nach § 903 Abs. 1 Satz 2 ZPO** | Name | |
| | Straße / Hausnummer | |
| | Postleitzahl / Ort: | |
| | Ansprechpartner:in | |
| | **Die Bescheinigung wird erteilt als**<br>☐ geeignete Person gemäß § 305 Abs. 1 Nr. 1 InsO<br>☐ geeignete Stelle gemäß § 305 Abs. 1 Nr. 1 InsO<br>Anerkennende Behörde/ Gericht: ____<br>Datum des Bescheids: ____ Aktenzeichen: ____<br>☐ Arbeitgeber ☐ Sozialleistungsträger ☐ sonstiger Leistungsträger (§ 902 ZPO) ☐ Familienkasse | |
| **II. Angaben zum Kontoinhaber und Pfändungsschutzkonto** | Kontoinhaber:in / Geburtsdatum | |
| | Anschrift | |
| | Kreditinstitut | |
| | Kontonummer oder IBAN | |
| **III. Ermittlung des pfändungsfreien Betrages** | ☒ **Grundfreibetrag** des Schuldners (= Kontoinhaber) derzeit[1] (§ 899 Abs. 1 ZPO in Verbindung mit § 850c Abs. 1 iVm Abs. 4 ZPO) **in Höhe von** | **1.260,00 €** |
| | ☐ **Erhöhungsbetrag** für die **erste Person** derzeit[1] in Höhe von **471,44 €**<br>a) der aufgrund gesetzlicher Verpflichtung Unterhalt gewährt wird oder<br>b) für die der Schuldner Geldleistungen nach SGB II/ XII oder<br>c) Geldleistungen nach dem AsylbLG entgegennimmt (§ 902 Satz 1 Nr. 1a – c ZPO) **in Höhe von** | |
| | ☐ **Erhöhungsbetrag** für ☐ **eine** ☐ **zwei** ☐ **drei** ☐ **vier** weitere Person(en) derzeit[1] iHv von **je 262,65 €**<br>a) der aufgrund gesetzlicher Verpflichtung Unterhalt gewährt wird oder<br>b) für die der Schuldner Geldleistungen nach SGB II/ XII oder<br>c) dem Asylbewerberleistungsgesetz entgegennimmt (§ 902 Satz 1 Nr. 1a – c ZPO) **in Höhe von** | |
| **IV. weitere laufende monatliche Geldleistungen** | ☐ **Laufende Geldleistungen**, die dem **Schuldner** selbst gem. SGB II, XII oder AsylbLG gewährt werden und den **Grundfreibetrag übersteigen** (§ 902 Satz 1 Nr. 4 ZPO) **in Höhe von** | |
| | ☐ **Laufende Geldleistungen** zum Ausgleich des durch **einen Körper- oder Gesundheitsschaden bedingten Mehraufwandes** (§ 902 Satz 1 Nr. 2 ZPO iVm § 54 Abs. 3 Nr. 3 SGB I) **in Höhe von** | |
| | ☐ Laufende **Geldleistungen für den Schuldner** selbst nach **landes- und bundesrechtlichen** Rechtsvorschriften, die **unpfändbar** sind (§ 902 Satz 1 Nr. 6 ZPO) **in Höhe von** | |
| | ☐ **Kindergeld für** (§ 902 Satz 1 Nr. 5 ZPO)[2]<br>☐ Kind 1 geboren im Monat/Jahr / in Höhe<br>☐ Kind 2 geboren im Monat/Jahr / in Höhe<br>☐ Kind 3 geboren im Monat/Jahr / in Höhe<br>☐ Kind 4 geboren im Monat/Jahr / in Höhe<br>☐ Kind 5 geboren im Monat/Jahr / in Höhe<br>☐ weitere Kinder[3] (Anzahl ) in Höhe **in Höhe von** | |
| | ☐ **Andere gesetzliche Geldleistung(en) für Kinder** - z. B. Kinderzuschlag und vergleichbare Rentenbestandteile (§ 902 Satz 1 Nr. 5 ZPO) **in Höhe von** | |
| | **Monatlicher Gesamtfreibetrag** | |
| **V. Ermittlung des einmaligen Freibetrags** | **Einmalige Freibeträge** | |
| | ☐ **Einmalige Sozialleistungen** (§ 902 Satz 1 Nr. 2 iVm § 54 Abs. 2 SGB I) **in Höhe von** | |
| | ☐ **Einmalige Geldleistungen für den Schuldner** selbst nach **landes- oder bundesrechtlichen** Rechtsvorschriften (§ 902 Satz 1 Nr. 6 ZPO) **in Höhe von** | |
| | ☐ **Nachzahlung laufender Geldleistungen** (SGB II/ XII, AsylbLG, Kindergeld, andere Geldleistungen für Kinder **nach landes- und bundesrechtlichen Recht**) **– Einmalbetrag** (§ 904 Abs. 4 iVm Abs. 2 ZPO) **in Höhe von** | |
| | ☐ **Nachzahlung sonstiger laufender Geldleistungen** nach dem SGB oder Arbeitseinkommen **bis 500 € Nachzahlbetrag – Einmalbetrag** (§ 904 Abs. 1 ZPO) **in Höhe von** | |
| | ☐ **Geldleistungen der Stiftung „Mutter und Kind – Schutz des ungeborenen Lebens“** (§ 902 Satz 1 Nr. 3 ZPO) **in Höhe von** | |

____________________ (Ort, Datum)

____________________ (Unterschrift/ Stempel der bescheinigenden Person oder Stelle)

# Anhang 3: Hinweise der AG SBV zum Ausfüllen der Musterbescheinigung zu § 903 ZPO

*Stand: 1. Dezember 2021*

## A. Vorbemerkung

Der Schuldner[1] kann jederzeit von dem Kreditinstitut verlangen, dass ein bestehendes Konto als Pfändungsschutzkonto geführt wird. Ein entsprechender Antrag durch den Schuldner oder eine bevollmächtigte Person reicht aus. Auf dem P-Konto ist dann grundsätzlich ein Guthaben von monatlich 1.260,00 €[2] geschützt. Weitere Beträge können mit Nachweisen (z. B. der Bescheinigung der AG SBV) freigegeben werden. Die alleinige Übermittlung einer Bescheinigung ohne vorherigen Antrag auf Umwandlung reicht nicht aus.

### I. Bezeichnung der bescheinigenden Personen oder Stellen

Eine Bescheinigung über Erhöhungsbeträge kann von einer anerkannten Schuldner- und Verbraucherinsolvenzberatungsstelle oder durch eine geeignete Person (insbesondere Rechtsanwalt, Steuerberater) im Sinne von § 305 Abs. 1 Nr. 1 InsO ausgestellt werden. Außerdem können auch Arbeitgeber, Sozialleistungsträger (z. B. Jobcenter, Sozialamt), die Familienkasse und andere Stellen, die Leistungen gewähren, Bescheinigungen ausstellen.

Bei den im vorigen Absatz genannten anderen Stellen handelt es sich um Stellen, die Geldleistungen aus der Bundesstiftung „Mutter und Kind – Schutz des ungeborenen Lebens" gewähren oder solche, die unpfändbare Geldleistungen i. S. d. § 902 Nr. 6 ZPO nach bundesrechtlichen oder landesrechtlichen Vorschriften bewilligen (z. B. Hamburger Blindengeld gem. § 4 HmbBlinGG).

### II. Angaben zum Kontoinhaber und Pfändungsschutzkonto (P-Konto)

Zwingend sind die persönlichen Angaben zum Schuldner (mit Namen, Vornamen, Geburtsdatum und vollständiger Anschrift), der Name des Kreditinstitutes und die IBAN einzutragen. Sollte die IBAN nicht zur Hand sein, kann auch die Kontonummer und Bankleitzahl verwendet werden.

---

1 Gemeint sind alle Personen m/w/d.

2 Stand: 01.12.2021, jährliche Änderung der Freibeträge zum 01.07.

Sollte es sich um ein Gemeinschaftskonto handeln, müssen Einzelkonten eingerichtet werden, die als P-Konto geführt werden (können). Eine Bescheinigung kann erst für das jeweilige einzelne P-Konto mit der neuen Kontonummer ausgestellt werden.

### III. Ermittlung des pfändungsfreien Betrages

1. **Grundfreibetrag:**

   Der Schuldner kann aus dem Guthaben des Pfändungsschutzkontos über monatlich 1.260,00 €[1] verfügen. Dieser Betrag entspricht dem Freibetrag bei einer Lohnpfändung gem. § 850c Abs. 1 Nr. 1 i. V. m. Abs. 4 und § 899 Abs. 1 Satz 1 ZPO nach Aufrundung des monatlichen Freibetrages auf den nächsten vollen 10-Euro-Betrag.

2. **Erhöhungsbetrag:**

   Ist der Schuldner **gesetzlich** zur Leistung von **Unterhalt** verpflichtet und **gewährt** diesen (in Geld bzw. beim Zusammenleben als Naturalunterhalt) kann zusätzlich zum Grundfreibetrag jeweils ein **„Erhöhungsbetrag"** bescheinigt werden.

   Eine **gesetzliche** Unterhaltspflicht besteht für Ehepartner/eingetragene Lebenspartner (auch bei Trennung und ggf. nach Scheidung/Aufhebung der Lebenspartnerschaft) und minderjährige Kinder.

   Für volljährige Kinder, Enkel, Eltern, Großeltern oder einen unverheirateten Elternteil, der ein gemeinsames Kind betreut, besteht die gesetzliche Verpflichtung nur bei entsprechender Bedürftigkeit der unterhaltsberechtigten Person und Leistungsfähigkeit des Schuldners.

   Auch die Erhöhungsbeträge entsprechen den Freibeträgen bei einer Lohnpfändung: für die erste Person[2] sind dies 471,44 €, für bis zu vier weitere Personen jeweils 262,55 €.

   Hinweis: Diese Beträge werden nicht auf den nächsten 10-Euro-Betrag aufgerundet.

   Ob der Ehegatte oder das Kind eigenes Einkommen erzielen, spielt für die Bescheinigung des Freibetrages keine Rolle. Auch führt ein Kind bei beiden Elternteilen zu je einem ungekürzten Erhöhungsbetrag (z. B. bei der alleinerziehenden Mutter, die das minderjährige

1 Stand: 01.12.2021, jährliche Änderung der Freibeträge zum 01.07.

2 Die „erste" Person kann auch ein Kind sein (z. B. Alleinerziehendes Elternteil lebt mit Kindern zusammen.)

Kind betreut und beim Vater, der Barunterhalt zahlt; z. B. bei beiden erwerbstätigen Elternteilen, bei denen ein minderjähriges Kind lebt bzw. die gemeinsam ihr Kind in Ausbildung oder Studium finanziell unterstützen).

Hinweis: Eine Erhöhung des Pfändungsfreibetrages wegen Unterhaltspflichten ist von Gesetzes wegen auf maximal fünf Unterhaltsberechtigte beschränkt. Eine darüber hinausgehende Anzahl an unterhaltsberechtigten Personen zu bescheinigen, ist nicht zulässig. Sollte der Schuldner mehr als fünf Personen gesetzlich zum Unterhalt verpflichtet sein, so kann er einen Antrag gem. § 906 Abs. 2 ZPO beim Vollstreckungsgericht bzw. gem. § 910 ZPO bei der Vollstreckungsstelle des öffentlichen Gläubigers (z. B. Finanzamt oder Kommunen) stellen, um weiteren Pfändungsschutz zu erreichen.

3. **Erhöhungsbeträge für nichteheliche Lebensgefährten, Stiefkinder oder weitere Personen,** für die keine gesetzliche Unterhaltsverpflichtung besteht, können nur bescheinigt werden, wenn auf das Konto des Schuldners für diese Personen **Sozialleistungen** nach dem SGB II (JobCenter), SGB XII oder Asylbewerber- leistungsgesetz (Sozialamt) überwiesen werden.

**IV. Weitere laufende monatliche Geldleistungen**

Der pfändungsfreie Betrag auf dem Pfändungsschutzkonto kann sich durch weitere laufende unpfändbare Geldleistungen erhöhen und kann zusätzlich bescheinigt werden:

1. Durch hohe Mietkosten, Beiträge zu einer privaten Krankenversicherung oder auch Fahrkosten zur Wahrnehmung des Umgangsrechts können vom Jobcenter/Sozialamt im Einzelfall **Leistungen nach dem SGB II/SGB XII/Asylbewerberleistungsgesetz** bewilligt werden, **die den Grundfreibetrag übersteigen** (1.260,00 €). Lediglich die dem Schuldner bewilligten Leistungen können als Mehrbetrag bescheinigt werden. Nachweis: Bescheid des Leistungsträgers und ggf. Berechnungsbogen, aus dem sich die Gewährung für die kontoführende Person gibt.

   Hinweis: Werden weiteren Personen der Bedarfsgemeinschaft solche die Erhöhungsbeträge übersteigende Leistungen bewilligt, sind diese nicht zu bescheinigen. In diesen Fällen ist ein Antrag beim Vollstreckungsgericht/der Vollstreckungsstelle möglich.

2. Laufende Geldleistungen, die einen durch **Körper- oder Gesundheitsschaden bedingten Mehraufwand** ausgleichen, sind mit dem regelmäßig zur Auszahlung gelangenden Monatsbetrag zu bescheinigen. Hierzu zählen insbesondere: Leistungen nach dem **Bundesversorgungsgesetz (BVG)** für Kriegs- und Wehrdienstopfer sowie für Opfer von vorsätzlichen Straftaten, Leistungen der **gesetzlichen Unfallversicherung** zur Teilhabe am Arbeitsleben oder am Leben in der Gemeinschaft (z. B. Kraftfahrzeughilfen nach SGB), Leistungen zur **Rehabilitation und Teilhabe** von Menschen mit Behinderung nach dem SGB IX (insb. Persönliches Budget gem. § 29 SGB IX) und Leistungen der **gesetzlichen Pflegeversicherung** (z. B. für selbst beschaffte Pflegehilfen gem. § 37 SGB XI).

   Hinweis: Lohnersatzleistungen, wie Renten wegen Minderung der Erwerbsfähigkeit, Berufsschadensausgleich, Übergangsgeld, Verletztengeld, Mutterschaftsgeld oder Krankengeld, sind keine Geldleistungen, die einen durch Körper- oder Gesundheitsschaden bedingten Mehraufwand ausgleichen.

3. Erhält der Schuldner andere **Geldleistungen, die durch landes- oder bundesrechtliche Vorschriften von der Pfändung ausgenommen sind,** kann ein entsprechender Betrag bescheinigt werden, sofern in dem Gesetz gleichzeitig die Leistung und die Unpfändbarkeit festgelegt sind (z. B. Hamburger Blindengeld gem. § 4 HmbBlinGG).

   Achtung: Wohngeld i. S. des Wohngeldgesetzes (WoGG) kann hier z. B. nicht bescheinigt werden, weil die Unpfändbarkeit nicht im WoGG, sondern in § 54 Abs. 3 Nr. 2a SGB I geregelt ist. Hier muss der Kontoinhaber einen Antrag auf Freigabe beim Vollstreckungsgericht/ vollstreckende Stelle stellen:

4. **Kindergeld,** welches auf dem Konto des Schuldners gutgeschrieben wird, kann bescheinigt werden. Die Höhe der Kindergeldleistung, sowie der Geburtsmonat und das Geburtsjahr sind einzutragen. Die Geburtsdaten geben dem Kreditinstitut als Drittschuldner die Möglichkeit, die Kindergeldleistung als weiteren unpfändbaren Freibetrag bis zur Volljährigkeit fortzuschreiben.

   Hinweis: Sollte der Schuldner für mehr als fünf Kinder Kindergeld beziehen, dann sind die Daten auf einem gesonderten Beiblatt aufzuführen.

5. Neben **Kinderzuschlag** zählen zu den **Geldleistungen für Kinder** die Zulagen der gesetzlichen Unfallversicherung oder Zuschüsse der gesetzlichen Rentenversicherungen. In die Bescheinigung ist der jeweilige Betrag, den die kontoführende Person für sein/e Kind/er erhält, einzutragen.

   Hinweis: Keine Geldleistungen für Kinder (sondern Leistungen „an ein Kind") sind der Kindesunterhalt, den der barunterhaltspflichtige Elternteil auf das Konto des betreuenden Elternteils überweist, Leistungen der Unterhaltsvorschusskasse und die Waisenrente. Diese sind nicht zu bescheinigen.

**Ergebnis = monatlicher Gesamtfreibetrag**

Die Summe der einzelnen Freibeträge und Leistungen ergibt den monatlich pfandfreien Gesamtfreibetrag.

**V. Ermittlung des einmaligen Freibetrages**

Zusätzlich zum geschützten Gesamtfreibetrag können einmalige Sozialleistungen und bestimmte Nachzahlungen bescheinigt werden.

1. **Einmalige Sozialleistungen:** Kosten von Klassenfahrten; Erstausstattungen bei Schwangerschaft, Geburt und nach Haftentlassung oder anderweitigem erstmaligen Wohnungsbezug; Heizkostenbeihilfe, Darlehen/Beihilfen nach SGB II und SGB XII; Rentenabfindung; Bestattungsgeld nach § 36 BVG; Sterbegeld nach § 64 SGB VII und § 37 BVG; Verhinderungspflege nach § 39 SGB XI; Kraftfahrzeughilfe für die Anschaffung bzw. den behindertengerechten Umbau eines Kraftfahrzeuges.

   Ergänzend zum Betrag sind die Art der Leistung, der Leistungsträger und möglichst auch das Datum des Bescheids zu benennen, um dem Kreditinstitut bei einer Verzögerung der Auszahlung die Freigabe im Folgemonat zu ermöglichen.

2. **Einmalige Geldleistungen für den Schuldner selbst nach landes- oder bundesrechtlichen Rechtsvorschriften,** sofern in dem Gesetz gleichzeitig die Leistung und die Unpfändbarkeit festgelegt sind (z. B. einmal jährlich ausgezahltes Pflegegeld des Freistaats Bayern, Art. 2 Abs. 4 Satz 3 BayLPflGG).

Achtung: Wohngeld i.S. des Wohngeldgesetzes (WoGG) kann hier nicht bescheinigt werden, weil die Unpfändbarkeit nicht im WoGG, sondern in § 54 Abs. 3 Nr. 2a SGB I geregelt ist. Hier muss der Kontoinhaber einen Antrag auf Freigabe beim Vollstreckungsgericht/vollstreckende Stelle stellen.

3. **Nachzahlung von Sozialleistungen:** Laufende Geldleistungen nach dem SGB II, SGB XII, AsylbLG für die gesamte Bedarfsgemeinschaft (z. B. Erstattung der Heizungs-/Nebenkosten-Differenz für das zurückliegende Abrechnungsjahr) können mit dem vollen Nachzahlbetrag bescheinigt werden; ebenso Nachzahlungen von Kindergeld, Kinderzuschlag etc. sowie unpfändbare sonstige Geldleistungen nach § 902 Nr. 6 ZPO für den Schuldner selbst.

   Hinweis: Es kann nur der tatsächliche Nachzahlbetrag bescheinigt werden. Der laufende Monat ist ggf. aus der Gesamtüberweisung herauszurechnen.

4. **Nachzahlung anderer Sozialleistungen und Arbeitseinkommen:** Arbeitslosengeld I, Rente, Krankengeld, Leistungen der Pflegekasse, sowie Arbeitseinkommen können bis zu einem Nachzahlbetrag von 500,00 € bescheinigt werden. Übersteigt die Nachzahlung 500,00 € ist ein Antrag gem. § 904 Abs. 5 ZPO beim Vollstreckungsgericht/der Vollstreckungsstelle notwendig.
5. **Geldleistungen der Stiftung „Mutter und Kind** – Schutz des ungeborenen Lebens“:

**B. Wirkung und Dauer der Bescheinigung**

Die in der Bescheinigung genannten Beträge sind kraft Gesetzes von der Pfändung nicht erfasst.

Grundsätzlich gelten Bescheinigungen unbefristet und müssen vom Kreditinstitut für eine Dauer von mindestens zwei Jahren beachtet werden.

Spätestens zwei Monate vor Ablauf der Bescheinigungsdauer muss das Kreditinstitut dem Schuldner mitteilen, wenn es eine neue Bescheinigung verlangt. Nur wenn tatsächliche Anhaltspunkte dagegen sprechen (z. B. Kenntnis des Kreditinstituts von der Volljährigkeit eines Kindes, vom Wegfall des Kindergeldes oder vom Tod des Ehepartners), kann die Vorlage einer aktuellen Bescheinigung schon früher verlangt werden.

Wird keine neue Bescheinigung vorgelegt, wird das Kreditinstitut eine Auszahlung bzw. Kontoverfügung nur in Höhe des Grundfreibetrages zulassen.

## C. Copyright

Die Musterbescheinigung der AG SBV ist urheberrechtlich geschützt. Die Urheber gewähren jedoch ein Nutzungsrecht nach dem Mustervertrag **„Creative Commons Namensnennung – Keine Bearbeitung 3.0 Deutschland Lizenz“:** Die Musterbescheinigung kann mit Namensnennung verwendet, darf aber ohne Genehmigung nicht verändert, ein- oder angepasst werden.

# Anhang 4: Kurzinformation Pfändungsschutzkonto

*Stand: 1. Dezember 2021*

Eine Information der Arbeitsgemeinschaft Schuldnerberatung der Verbände (AG SBV) in Zusammenarbeit mit der Deutschen Kreditwirtschaft (DK)

## Ihr Konto wurde gepfändet? Erste Informationen, die Sie beachten sollten

### 1. Kein Pfändungsschutz ohne Pfändungsschutzkonto

Wurde Ihr Girokonto gepfändet, muss das Kreditinstitut das Konto sperren, wenn das Konto nicht als Pfändungsschutzkonto geführt wird. Jetzt müssen Sie schnell aktiv werden!

### 2. Umwandlungsantrag

Um die Kontosperre zu beenden, beantragen Sie bei Ihrem Kreditinstitut unverzüglich die **Umwandlung des Girokontos in ein Pfändungsschutzkonto (= P-Konto).** Die Umwandlung können Sie persönlich oder eine bevollmächtigte Person verlangen. In Banken und Sparkassen gibt es hierzu einen Vordruck. Sie müssen dabei in jedem Fall erklären, dass Sie kein weiteres P-Konto haben.

### 3. Anspruch auf Umwandlung

Sie haben einen Anspruch auf Umwandlung Ihres Girokontos in ein P-Konto. Das gilt auch, wenn das Konto „im Minus" oder bereits gepfändet ist. Ist ein Gemeinschaftskonto gepfändet, müssen Sie zwei (P-)Konten beantragen. Das Guthaben auf dem Gemeinschaftskonto kann dann geteilt werden.

### 4. Einen Monat Zeit zur Umwandlung in ein P-Konto

Wird das Girokonto nicht innerhalb von einem Monat nach Zustellung des Pfändungsbeschlusses beim Kreditinstitut in ein P-Konto umgewandelt, muss das Kreditinstitut das gesamte gepfändete Kontogut- haben an den Gläubiger abführen. Pfändungsschutz besteht bei Versäumnis der Monats-Frist nur für zukünftiges Guthaben ab dem Zeitpunkt, ab dem das Konto als P-Konto geführt wird. Denken Sie bei der Fristberechnung daran, dass die Umwandlung in ein P-Konto nach Ihrem Antrag bis zu vier Geschäftstage dauern kann.

### 5. Grundfreibetrag: derzeit 1.260 Euro pro Monat.

Je Kalendermonat sind derzeit bis zu 1.260 Euro auf dem P-Konto pfändungsfrei (Grundfreibetrag). Voraussetzung ist ein ausreichender Geldeingang auf dem Konto. Die Herkunft des Geldes (Arbeitslohn, Einkünfte aus selbstständiger Tätigkeit, Schenkung, Rente, Arbeitslosengeld, Krankengeld ...) spielt keine Rolle.

### 6. Erhöhung des Grundfreibetrages

Sie können den Grundfreibetrag bei Ihrem Kreditinstitut erhöhen lassen, wenn Sie zum Beispiel gesetzlichen Unterhaltspflichten nachkommen, Sozialleistungen für andere (Bedarfsgemeinschaft) entgegennehmen oder einmalige Sozialleistungen und Kindergeld auf dem P-Konto eingehen. Auch Nachzahlungen können in bestimmten Fällen geschützt werden.

### 7. Wie erhöhen Sie den Grundfreibetrag?

Zur Erhöhung des Freibetrages benötigt das Kreditinstitut eine **Bescheinigung:** Eine Bescheinigung bekommen Sie – unter Vorlage entsprechender Nachweise – beispielsweise bei einer Beratungsstelle, die als Schuldner- und Verbraucherinsolvenzberatungsstelle zugelassen ist, einem Sozialleistungsträger (etwa Jobcenter) oder Ihrem Arbeitgeber. Es können aber nicht alle (Sozial-)Leistungen bescheinigt werden. Sozialleistungsträger müssen Ihnen auf Antrag eine Bescheinigung ausstellen.

### 8. Festsetzung des individuellen Freibetrages durch Vollstreckungsgericht/Vollstreckungsstelle

Ist Ihr Einkommen höher als der Freibetrag, kann häufig eine weitere Erhöhung des Pfändungsfreibetrages (z. B. entsprechend der Pfändungstabelle) beim Vollstreckungsgericht/ vollstreckende Stelle des öffentlichen Gläubigers beantragt werden.

### 9. Verrechnung durch die Bank bei überzogenem Konto

Ist ihr P-Konto überzogen und kündigt die Bank den Dispo, können Sie verlangen, dass Ihnen der (erhöhte) Grundfreibetrag ausgezahlt wird. Das Kreditinstitut kann eigene Forderungen nicht mit dem Guthaben auf dem P-Konto verrechnen.

## 10. Noch Fragen?

Diese Informationen können nur einen groben Überblick geben. Verstehen Sie etwas nicht, fragen Sie eine Schuldner- bzw. Verbraucherberatungsstelle. Die richtige Führung des Pfändungsschutzkontos ist nämlich nicht einfach.

# Anhang 5: Kundeninformation Pfändungsschutzkonto

*Stand: 1. Dezember 2021*

Diese Hinweise stellen eine gemeinsame Information der Arbeitsgemeinschaft Schuldnerberatung der Verbände (AG SBV) und der Spitzenverbände der deutschen Kreditwirtschaft (Die Deutsche Kreditwirtschaft – DK) dar.

## Pfändungsschutzkonto (P-Konto): Allgemeine Informationen zum Kontopfändungsschutz

### Umwandlungsanspruch

Jeder Kontoinhaber hat einen Anspruch darauf, dass sein bestehendes Girokonto in ein Pfändungsschutzkonto (P-Konto) umgewandelt wird. Die Umwandlung kann auch von einem Bevollmächtigten beantragt werden. Die Umwandlung ist auch möglich, wenn das Konto im Soll geführt wird.

### Basiskonto

Verbraucher, die über kein Girokonto oder über ein nicht tatsächlich nutzbares Zahlungskonto verfügen, haben, sofern sie sich rechtmäßig in der Europäischen Union aufhalten, einen Anspruch auf Eröffnung eines Basiskontos. Das gilt auch für Verbraucher ohne festen Wohnsitz und Asylsuchende, sowie Personen ohne Aufenthaltstitel, die nicht abgeschoben werden können (Geduldete). Das Basiskonto erlaubt alle notwendigen Funktionen eines Girokontos[1]. Bei Beantragung des Basiskontos kann bereits vereinbart werden, dass das Basiskonto als P-Konto geführt werden soll.

### Verbot mehrerer Pfändungsschutzkonten

Jede Person darf nur **ein** Girokonto als P-Konto führen. Das Führen mehrerer P-Konten ist untersagt und kann strafrechtlich verfolgt werden. Insbesondere bei einem Kontowechsel ist darauf zu achten, dass vor der Umwandlung des neuen Kontos in ein P-Konto die Funktion des bisherigen Kontos als P-Konto aufgehoben wird. Wenn Sie dies wünschen, wird Sie Ihr neues Kreditinstitut beim Kontowechsel unterstützen.

1 https://www.die-dk.de/kontofuehrung/basiskonto/

## Pfändungsschutz bei Gemeinschaftskonto

Das Gesetz lässt P-Konten nur als Einzelkonten zu. Ein Gemeinschaftskonto (z. B. Eheleute-Konto) kann nicht als P-Konto geführt werden. Wird ein Gemeinschaftskonto gepfändet, so darf das Kreditinstitut erst einen Monat nach Zustellung der Pfändung (konkret nach Zustellung des Überweisungsbeschlusses) aus dem Guthaben des Kontos Beträge an den Pfändungsgläubiger auskehren. Diesen Monatszeittraum kann/sollte jeder der Mitkontoinhaber nutzen und jeweils ein Einzelkonto für sich einrichten, falls ein solches noch nicht vorhanden ist. Auf diese Einzelkonten muss der jeweilige Mitkontoinhaber dann innerhalb dieses Monatszeitraumes das anteilige Guthaben pro Kontoinhaber übertragen lassen. Auch weitere Gutschriften innerhalb dieses Monatszeitraumes können dann anteilig übertragen werden. Grundsätzlich wird das Guthaben pro Kopf aufgeteilt, bei zwei Mitkontoinhabern also je zur Hälfte, bei drei je zu einem Drittel usw. In besonders gelagerten Fällen können sich die Mitkontoinhaber des Gemeinschaftskontos und der pfändende Gläubiger auch auf einen anderen Verteilschlüssel verständigen. Hierzu benötigen sie aber die Zustimmung aller Pfändungsgläubiger, die das Gemeinschaftskonto gepfändet haben. Die anderweitige Verteilung muss dem Kreditinstitut in Textform (z. B. per Brief, Fax, E-Mail) mitgeteilt werden.

Der Pfändungsschuldner muss sein Einzelkonto als P-Konto führen, um dort im Rahmen seiner Pfändungsfreibeträge auch über das übertragene Guthaben (seinen Anteil aus dem Gemeinschaftskonto) verfügen zu können. Der/Die nicht gepfändeten Mitkontoinhaber benötigen kein P-Konto. Ihr übertragener Guthabenanteil aus dem Gemeinschaftskonto unterliegt nicht mehr der Pfändung.

Nach Ablauf der Monatsfrist ist die Übertragung weiterer Gutschriften von dem Gemeinschaftskonto auf die Einzelkonten **nicht** mehr möglich. Die Gemeinschaftskontoinhaber müssen den Monatszeitraum also nutzen und jeweils rechtzeitig veranlassen, dass Gutschriften (z. B. Lohn, Rente, Sozialleistungen) auf das jeweilige Einzelkonto übertragen werden. Sie müssen aber auch dafür sorgen, dass Abbuchungen (z. B. Miete, Strom, Versicherungsbeiträge etc.) dann von einem der Einzelkonten vorgenommen werden. Das Gemeinschaftskonto sollte zum Ende des Monatszeitraums aufgelöst werden. Dann können keine Gutschriften dort mehr verbucht und auch nicht an den Pfändungsgläubiger ausgezahlt werden.

## Umwandlung in ein Pfändungsschutzkonto auch nach Kontopfändung möglich

Die Umwandlung in ein P-Konto kann auch beantragt werden, wenn für das Girokonto bereits Pfändungen zugestellt wurden. Wird die Umwandlung in ein P-Konto innerhalb von einem Monat ab Zustellung des Pfändungs- und Überweisungsbeschlusses beim Kreditinstitut vollzogen (Kreditinstitute haben zur Bearbeitung drei Geschäftstage Zeit), dann gilt die Schutzwirkung des P-Kontos bereits ab Zustellung des Pfändungs- und Überweisungsbeschlusses – ansonsten erst für die Zukunft.

## Automatischer Pfändungsschutz – Grundfreibetrag

Wird das P-Konto gepfändet, so erhält der Kontoinhaber automatischen Pfändungsschutz in Höhe eines Grundfreibetrages von derzeit **1.260 Euro** je Kalendermonat. Die Inanspruchnahme des Pfändungsfreibetrages auf dem Pfändungsschutzkonto setzt ein entsprechendes Guthaben zu diesem Zeitpunkt voraus.

Über Guthaben bis maximal zur Höhe des Grundfreibetrages kann der Kontoinhaber auch nach Zustellung von Pfändungen ohne weiteres verfügen (z.B. durch Überweisung, Dauerauftrag und Lastschrift). Auf die Art der Einkünfte (Arbeitslohn, Sozialleistung, Steuererstattung usw.) und auf den Zeitpunkt des Zahlungseingangs kommt es nicht an; der Pfändungsfreibetrag gilt für den jeweiligen Kalendermonat.

**Beispiel einer Alleinerziehenden mit Kind:**

- ▷ Laufendes Arbeitseinkommen beträgt 1.800,00 EUR; dazu kommen 219,00 EUR Kindergeld.
- ▷ Das Kontoguthaben beträgt im Zeitpunkt der Zustellung des Pfändungs- und Überweisungsbeschlusses 2.019,00 EUR.
- ▷ Von diesen 2.019,00 EUR sind 1.260,00 EUR automatisch vor der Pfändung geschützt, selbst wenn die Pfändung erst gegen Monatsende eingeht.

## Mit Bescheinigung – erhöhter Freibetrag

Über den automatisch bestehenden Grundfreibetrag hinaus kann sich der Pfändungsfreibetrag für das P-Konto je nach Lebenssituation des Kontoinhabers (Pfändungsschuldners) um weitere Freibeträge erhöhen. Dies ist insbesondere der Fall, wenn er einer oder mehreren Personen aufgrund gesetzlicher Verpflichtung Unterhalt gewährt oder für Dritte (z.B. Lebensgefährte, Stiefkind) bestimmte Sozialleistungen oder Leistungen nach dem Asylbewerberleistungsgesetz entgegennimmt. Dann gelten derzeit die folgenden erhöhten Freibeträge:

- ▷ 1.731,44 EUR bei einer Unterhaltspflicht
- ▷ 1.994,09 EUR bei zwei Unterhaltspflichten
- ▷ 2.256,74 EUR bei drei Unterhaltspflichten
- ▷ 2.519,39 EUR bei vier Unterhaltspflichten
- ▷ 2.782,04 EUR bei fünf/mehr Unterhaltspflichten.

Zusätzlich pfändungsfrei sind Geldleistungen aus der Mutter-Kind-Stiftung sowie bestimmte Sozialleistungen, die den Mehraufwand infolge eines Körperschadens ausgleichen (z. B. die Grundrente und die Schwerstbeschädigtenzulage nach dem Bundesversorgungsgesetz, das Pflegegeld für selbst beschaffte Pflegehilfen als Leistung der gesetzlichen Pflegeversicherung oder das Blindengeld). Gleiches gilt für bestimmte Sozialleistungen an den Schuldner selbst, die den Grundfreibetrag übersteigen sowie weitere bestimmte unpfändbare Leistungen und nachgezahlte Leistungen. Lassen Sie sich dazu beraten von einer anerkannten Schuldner- und Verbraucherinsolvenzberatungsstelle.

Auch einmalige Sozialleistungen (z. B. Kosten für Klassenfahrt, Erstausstattung nach Geburt) sind von der Pfändung freigestellt. Pfändungsfrei sind weiterhin das Kindergeld sowie Kinderzuschläge, welche auf das gepfändete P-Konto fließen.

Damit der erhöhte Freibetrag für ihn wirksam wird, muss der Kontoinhaber die Umstände, die zu einer Erhöhung des Grundfreibetrages berechtigen, seinem Kreditinstitut durch eine geeignete Bescheinigung nachweisen (vom Sozialleistungsträger oder einer anerkannten Schuldner- und Verbraucherinsolvenzberatungsstelle, Arbeitgeber, Familienkasse, Rechtsanwalt oder Steuerberater).

Die Arbeitsgemeinschaft Schuldnerberatung der Verbände und Die Deutsche Kreditwirtschaft haben einen bundeseinheitlichen Bescheinigungsvordruck[1] entwickelt. Das führt allerdings nicht dazu, dass nur diese Musterbescheinigung als Nachweis akzeptiert werden darf, denn einen Formzwang sieht das Gesetz nicht vor. Die Musterbescheinigung kann jedoch für die bescheinigende Stelle oder Person eine Hilfestellung sein.

1 https://die-dk.de/kontofuehrung/pfaendungsschutzkonto/

Stellen eine oder zwei (bei Bezug von Sozialleistungen) der o.g. Stellen vor Ort keine Bescheinigung aus, muss das Vollstreckungsgericht bzw. die Vollstreckungsstelle des öffentlichen Gläubigers (z.B. Finanzamt, Stadtkasse) entscheiden.

**Beispiel einer Alleinerziehenden mit Kind (Fortsetzung):**

- ▷ Laufendes Arbeitseinkommen beträgt 1.800,00 EUR; dazu kommen 219,00 EUR Kindergeld.
- ▷ Das Kontoguthaben beträgt im Zeitpunkt der Zustellung des Pfändungs- und Überweisungsbeschlusses 2.019,00 EUR.
- ▷ Von diesen 2.019,00 EUR sind 1.260,00 EUR automatisch vor der Pfändung geschützt, selbst wenn die Pfändung erst gegen Monatsende eingeht.
- ▷ Weist die Kontoinhaberin mithilfe der Musterbescheinigung bzw. einer Lohnbescheinigung des Arbeitgebers, welche die gesetzlichen Unterhaltspflichten ausweist, ihre Unterhaltsleistung nach und belegt sie den Bezug von Kindergeld auf diesem Konto, sind 1.731,44 EUR + 219,00 EUR = 1.950,44 EUR pfändungsfrei.

### Auf Antrag – individuelle Freigabeentscheidung

Werden auf dem gepfändeten P-Konto Arbeitseinkünfte, Lohnersatzleistungen (wie Altersrente, Krankengeld, Arbeitslosengeld) oder Einkünfte von Selbständigen gutgeschrieben, die den automatisch geschützten Grundfreibetrag bzw. den erhöhten Sockelbetrag übersteigen, muss sich der Kontoinhaber an das Vollstreckungsgericht wenden, um die Freigabe des gepfändeten Guthabens im Einzelfall zu erreichen (z.B. durch Anwendung der Pfändungstabelle oder bei Weihnachtsgeld, Spesen, Überstunden usw.). Bei Pfändungen durch öffentliche Gläubiger (z.B. Finanzamt, Krankenkasse, u.ä.) sind die Vollstreckungsstellen der öffentlichen Gläubiger zuständig.

Das Vollstreckungsgericht kann ausnahmsweise, etwa bei einer Pfändung wegen Unterhaltsansprüchen, auf Antrag des Gläubigers geringere Pfändungsfreibeträge bestimmen. Das Kreditinstitut ist dann an diese Pfändungsfreibeträge gebunden, auch wenn sie niedriger sind als die im Gesetz vorgeschriebenen Freibeträge.

**Beispiel einer Alleinerziehenden mit Kind (Fortsetzung):**

- ▷ Weist die Kontoinhaberin mithilfe der Musterbescheinigung bzw. einer Lohnbescheinigung des Arbeitgebers, welche die gesetzlichen Unterhaltspflichten ausweist, ihre Unterhaltsleistung nach und belegt sie den Bezug von Kindergeld auf diesem Konto, sind 1.731,44 EUR + 219,00 EUR = 1.950,44 EUR pfändungsfrei.

- ▷ Nach der Pfändungstabelle und bei einer gesetzlichen Unterhaltspflicht wären von den 1.800,00 EUR Arbeitseinkommen allerdings nur 37,96 EUR pfändbar. Deshalb ist ein Freigabeantrag an das Vollstreckungsgericht/Vollstreckungsstelle anzuraten, um jetzt und zukünftig einen Betrag von insgesamt 1.762,04 EUR zuzüglich 219,00 EUR Kindergeld (= 1.981,04 EUR) pro Kalendermonat pfändungsfrei stellen zu lassen.

## Übertrag auf drei nachfolgende Kalendermonate (Ansparbetrag)

Hat der Kontoinhaber sein pfändungsgeschütztes Guthaben bis zum Ende des Kalendermonats nicht aufgebraucht, kann dieser verbleibende Guthabenrest maximal **drei** Monate übertragen werden und steht dann zusätzlich zum geschützten Monatsguthaben zur Verfügung. Dadurch erhöht sich jeweils der geschützte Freibetrag der Folgemonate. Das übertragene Guthaben wird im Folgemonat zuerst verbraucht.

**Achtung:** Es kann nur tatsächlich vorhandenes Guthaben übertragen werden:

**Beispiel einer Alleinerziehenden mit Kind (Fortsetzung):**

- ▷ Vollstreckungsgericht/Vollstreckungsstelle haben auf Antrag der Schuldnerin pro Kalendermonat insgesamt 1.762,04 EUR pfändungsfrei gestellt. Hinzu kommen die 219,00 EUR Kindergeld, die mittels Bescheinigung/Kindergeldbescheid pfändungsfrei bleiben.
- ▷ Gibt die Kontoinhaberin im Anschluss an die Pfändung bis zum Monatsende nur 1.000,00 EUR sowie das Kindergeld – also insgesamt 1.219,00 EUR – aus, wird das nicht genutzte pfändungsgeschützte Guthaben in Höhe von 762,04 EUR (automatisch) bis zu dreimal auf die Folgemonate übertragen.
- ▷ **Achtung:** Verfügt sie in drei aufeinanderfolgenden Monaten nicht mindestens über insgesamt 762,04 EUR, so verfällt der Übertragungsbetrag! Das Kreditinstitut wird sie aber darauf hinweisen, wenn ein Betrag mit Ablauf des Monats zu verfallen droht.
- ▷ Aus den Gutschriften, die in diesem Folgemonat auf dem Konto eingehen, kann dann erneut ein nicht verbrauchter Teil in die darauffolgenden drei Kalendermonate übertragen werden. Der Übertrag in die Folgemonate ist aber der Höhe nach beschränkt. Es darf immer nur so viel übertragen werden, wie dem Konto im zurückliegenden Monat als neuer pfändungsgeschützter Betrag gutgeschrieben wurde.

## Pfändungsschutz auch für Selbständige

Der Sockelschutz und der erhöhte Sockelschutz mithilfe der Musterbescheinigung oder des Bescheids gelten auch für die Einkünfte von Selbständigen. Einen höheren Freibetrag geben das Gericht bzw. die Vollstreckungsstelle auf Antrag des selbständigen Kontoinhabers frei. Bei Gericht muss hierfür im Regelfall das monatliche Netto-Einkommen nach Abzug der Betriebskosten vom Umsatz nachgewiesen werden.

## Pfändungsschutzkonto ist immer ein Guthabenkonto

Das Gesetz ordnet an, dass ein P-Konto ausschließlich auf Guthabenbasis geführt werden darf und gewährt Pfändungsschutz in Höhe des jeweiligen Freibetrages nur dann, wenn Guthaben in entsprechender Höhe vorhanden ist. Das schließt aus, dass auf einem P-Konto bspw. Dispokredite gewährt oder Überziehungen zugelassen werden. Auch die Nutzung einer Kreditkarte ist dann nicht weiter möglich, es sei denn es handelt sich um eine prepaid-Kreditkarte.

## Schutz bei Konten mit Sollsaldo

Auch wenn ein Konto – ohne Pfändung – einen Sollsaldo aufweist, kann der Kontoinhaber die Umwandlung in ein P-Konto verlangen. Da das P-Konto nur im Guthaben geführt werden darf, muss der Sollsaldo ausgebucht werden. Hierfür kann das Kreditinstitut ein zweites Konto oder ein Unterkonto einrichten. Hat der Kontoinhaber die Umwandlung in ein P-Konto verlangt, so darf das Kreditinstitut Gutschriften in Höhe des jeweiligen (erhöhten) Sockelfreibetrages nicht mehr mit dem Sollsaldo verrechnen. So soll sichergestellt werden, dass auch Personen mit überzogenen Konto im Rahmen der Pfändungsfreibeträge ihren Lebensunterhalt bestreiten können. Empfehlenswert ist es, eine Rückführung des Sollsaldos anzustreben, um schuldenfrei bei Ihrem kontoführenden Institut zu werden.

Soweit auf ein im Soll geführtes Konto eine Pfändung eingeht, gilt das Verrechnungs- und Aufrechnungsverbot für das Kreditinstitut ebenfalls. **Wichtig:** Dazu muss der Kontoinhaber zwingend innerhalb eines Monats nach Zugang der Pfändung auch tatsächlich die Umwandlung in ein P-Konto verlangen.

## Beendigung der P-Kontofunktion

Der Kontoinhaber kann mit einer Frist von vier Geschäftstagen zu jedem Monatsende von dem Kreditinstitut verlangen, dass die P-Kontofunktion des Kontos aufgehoben wird. Das bietet sich zum Beispiel bei der Erledigung einer Pfändung an oder wenn das P-Konto bei einem anderen Girokonto eingerichtet werden soll. Das Konto wird dann zu den bisherigen Bedingungen unverändert fortgeführt. Die Nutzung der Kreditkarte oder ein Dispositionskredit können dann grundsätzlich wieder beantragt werden.

**Anordnung der Unpfändbarkeit**

Auf Antrag des Kontoinhabers kann das Vollstreckungsgericht anordnen, dass das Pfändungsschutzkonto für die Dauer von bis zu zwölf Monaten nicht der Pfändung unterworfen ist. Hierzu muss der Kontoinhaber nachweisen, dass dem Konto in den letzten sechs Monaten vor Antragstellung ganz überwiegend nur unpfändbare Beträge gutgeschrieben wurden, und er muss glaubhaft machen, dass Gleiches für die folgenden sechs Monate zu erwarten ist. Ordnet das Vollstreckungsgericht die Unpfändbarkeit (für bis zu zwölf Monate) an, bräuchte er keine weiteren Schritte zum Erhalt seines Kontopfändungsschutzes mehr zu unternehmen, falls in diesem Schutzzeitraum eine weitere Kontopfändung erfolgt.

Allerdings muss er die Unpfändbarkeitsanordnung **rechtzeitig erneut beantragen.**

**Meldung an Auskunfteien**

Das Gesetz sieht vor, dass die Einrichtung, die Löschung und der Widerruf eines Pfändungsschutzkontos vom Kreditinstitut den Auskunfteien, z. B. der SCHUFA, mitgeteilt werden können. Diese Auskunft soll die missbräuchliche Führung von mehreren Pfändungsschutzkonten durch eine Person verhindern. Auf Anfrage erhält das Kreditinstitut von der Auskunftei nur dann eine Auskunft, ob für den Kontoinhaber bereits ein Pfändungsschutzkonto bei einem anderen Kreditinstitut geführt wird, wenn der Kontoinhaber sein Girokonto in ein Pfändungsschutzkonto umwandeln lassen will. In einer Auskunft über die Bonität des Kontoinhabers wird die Tatsache, dass der Kontoinhaber ein Pfändungsschutzkonto führt, nicht enthalten sein.